GRAMMAIRE PRATIQUE,

A L'USAGE

DES ÉCOLES PRIMAIRES,

PAR V.-A. VANIER.

... ... ROYAL DE L'INSTRUCTION PUBLIQUE.

A M. VANIER, INSTITUTEUR.

PARIS, le 28 Octobre 1822.

J'ai l'honneur de vous annoncer, Monsieur, que le Conseil Royal, d'après le compte qui lui a été rendu de votre ouvrage intitulé : *Grammaire pratique*, a décidé que cet ouvrage serait inscrit sur la liste des livres indiqués à MM. les Recteurs, pour l'usage des Ecoles primaires.

Il a paru au Conseil que la méthode suivant laquelle les principes de la Grammaire sont expliqués dans ce petit traité, est simple, facile, et tout-à-fait à la portée de l'âge auquel il est destiné.

Recevez, Monsieur, l'assurance de ma parfaite considération,

Le Conseiller chargé des Ecoles primaires,

RENDU.

LE GRAND-MAITRE,

† DENIS, *Evéque d'Hermopolis.*

Tout exemplaire qui ne sera pas revêtu de cette signature sera désavoué par l'auteur.

GRAMMAIRE PRATIQUE,

ADOPTÉE

PAR L'UNIVERSITÉ ROYALE

POUR L'USAGE

DES ÉCOLES PRIMAIRES,

AVEC QUATRE TABLEAUX GRADUÉS,

Par V.-A. VANIER,

INSTITUTEUR,

AUTEUR DE LA CLEF DES PARTICIPES, ETC.,

MEMBRE DE LA SOCIÉTÉ ROYALE ACADÉMIQUE DES SCIENCES
ET DE PLUSIEURS SOCIÉTÉS SAVANTES.

Prix : 75 *centimes*, cartonné.

A PARIS,

CHEZ GARNIER, LIBRAIRE-ÉDITEUR,

Quai des Ormes, n° 18, en face le pont Marie.

J. M. EBERHART, IMPRIMEUR DU COLLÉGE ROYAL DE FRANCE.
1824.

Cet ouvrage se trouve aussi, dans les départements chez les principaux Libraires.

No⊤a. = Cette petite Grammaire ayant paru très-propre à familiariser les Étrangers avec notre langue, j'ai cru devoir en établir des dépôts aux adresses qui suivent :

Amsterdam, chez G. Dufour et comp.

Berlin, Schlesinger.

Bruxelles, Lecharlier.

Copenhague, Brummer.

Florence, Piatti.

Genève, { Paschoud. Mauget et Cherbulliez. }

Hambourg, Perthès et Besser.

Leipsick, { Brockaus. Barth. }

Liège, { Desoer. Latour. }

Lisbonne, Pierre et George Rey.

Londres, J. B. Sowerby, n° 33, King-Street, Covent-Garden.

Madrid, Alonzo Perez.

Manheim, Artaria et Fontaine.

Milan, Giegler.

Moscou, Ris, père et fils.

Naples, { Marotta et Vanspandoch. Borel. }

New-Yorck, H. C. Carey et comp.

La Nouvelle-Orléans, Pierre Roche frères.

Philadelphie, Caray et fils.

Rome, Romanis.

Saint-Pétersbourg, { Weyher. Graff. }

Stockholm, Bruzelius.

Stuttgard, Cotta.

Turin, { Bocca. Pic. }

Varsovie, Glucksberg.

Vénise, Raimondini.

Vienne, Schaumbourg et comp.

J'ai l'honneur d'annoncer à MM. les Libraires et Chefs d'institutions primaires, que je viens de traiter avec M. Vanier, comme éditeur de sa *Grammaire*, et que ce sera désormais à moi seul qu'il faudra s'adresser. — On trouvera aussi chez moi les divers ouvrages du même auteur.

Garnier.

AVANT-PROPOS.

CE petit ouvrage n'est ni le fruit de longues veilles, ni le résultat de profondes méditations : pénétré des principes de la nouvelle école, j'ai voulu en faire l'application à mes élèves, qui d'eux-mêmes m'avaient mis sur la voie. J'ai fait marcher la pratique avant la théorie. Aujourd'hui, que j'ai pour moi des autorités respectables (1), plusieurs années d'expérience, et surtout l'honorable approbation de l'UNIVERSITÉ, j'ose promettre de grands avantages à ceux qui, comme moi, quitteront le chemin rebattu de la routine, pour suivre le sentier de la raison. J'en appèle ici aux gens sensés qu'aucun préjugé n'aveugle : n'entendons-nous pas journellement des personnes se plaindre de ne point écrire ni parler correctement leur langue, quoiqu'elles aient appris leur Grammaire ? D'un autre côté, ne voyons-nous pas des adolescents la répéter couramment, à la grande satisfaction du maître, tandis que chez eux, et au grand déplaisir de leurs parents, ils ne savent pas mettre quatre mots d'orthographe ? Quelle contradiction ! Sont-ce les élèves ou les livres, qui ont tort ? Consolez-vous, parents estimables, et vous, jeunesse laborieuse, tout le mal vient de nos livres. Nos Grammaires sont généralement théoriques, par conséquent abstraites,

---

(1) Reygnier-Desmarest, Port-Royal, Haris, Condillac, etc. ; et de nos jours, MM. Destut-Tracy, Sicard, Domergue, Andrieux, Boissonade, Lemare, Pestalozzi, etc.

et dès-lors trop au-dessus de la portée de l'enfance ; je n'en excepte pas même celle qui lui fut spécialement destinée, quel que soit aujourd'hui le nombre de ses commentateurs (1). Quand, à force de la salir de ses doigts et de l'user de ses larmes, un enfant parvient à apprendre une Grammaire théorique, quel bien lui en reste-t-il ? Il est encore loin de là comprendre, et encore plus loin d'en faire l'application à la pratique. Avant tout, son jugement s'énerve, sa raison se confond, son esprit s'égare dans les théories ; de toutes les facultés intellectuelles que la nature développait en lui, une seule se trouve exercée au préjudice des autres, la mémoire. Elle produit ces fausses lueurs de savoir, ces douces, mais perfides illusions qui trompent innocemment la plupart des maîtres, et fascinent les yeux des parents.

Examinons, sans prévention, quels sont les avantages de la nouvelle méthode, qui prescrit de commencer par la pratique, avant de passer à la théorie. Un enfant qui, pour la première fois, franchit le seuil de l'école, ne sait-il pas déjà parler ? Oui, sans doute. Cependant, il n'a pas eu de maître *ad hoc* ; personne ne l'a régenté, dogmatisé, fatigué de leçons. Convenons-en de bonne-foi, la nature a été son guide, le besoin de s'exprimer son stimulant. Sa petite tête est meublée de faits si bien coordonnés qu'il n'a pu et ne peut parler sans s'être fait une Grammaire, et elle le guide déjà beaucoup mieux que celle qu'on va lui mettre en main. Voulez-vous savoir jusqu'où s'élèvent ses connaissances grammaticales ? Interrogez-le, non pas sur les parties du discours, il n'entend rien aux abstractions, mais sur des choses à sa portée ; demandez-lui, par exemple, ce qui se passe autour de lui. S'il vous dit : « voilà un homme, voilà une femme », avouez qu'il a

_____

(1) De là ces différentes Grammaires, dites de LHOMOND, qui désorientent les enfants d'une école à une autre.

des idées de genres. S'il vous dit qu'il a une bouche et deux yeux, concluez qu'il a des idées de nombres. S'il vous dit qu'il travaille, mais qu'il jouera tantôt, accordez-lui des idées de temps. Enfin, quand il vous dit : « je joue, et ma sœur danse », tirez-en la juste conséquence qu'il a des idées de personnes. Point de doute que cet enfant n'apporte à son maître des connaissances acquises. D'où les a-t-il tirées ? De la pratique. Eh bien ! laissons-le sur son terrain, faisons-le pratiquer. Donnons-lui une série de faits sur lesquels il continuera son éducation comme il l'a naturellement commencée. Il faut le faire conjuguer, non des verbes abstraits, mais des verbes concrets, c'est-à-dire des propositions toutes formées, comme : *je suis aimable*, *je suis honnête*, etc., même avant qu'il sache lire. Il parle, continuons à le faire parler, il prendra l'habitude d'une pure prononciation : c'est le point essentiel dans une langue vivante, à plus forte raison dans sa langue maternelle. D'ailleurs la nôtre n'est pas sans difficulté de ce côté : nos consonnes finales, tantôt muettes tantôt sonores, exigent une grande pratique, surtout dans l'emploi des temps composés des verbes. L'analogie jète le peuple dans les fautes les plus graves à cet égard, quand il dit : j'ai *zété*, il a *tété*, etc. Non-seulement la conjugaison orale obvie à cet inconvénient, mais elle dispose de très-bonne heure les enfants à la lecture, universellement trop négligée. Après la conjugaison orale, l'élève passera à la conjugaison écrite ; il aura déjà pour lui l'oreille ; la langue et les yeux ; il ne lui reste plus que la main à mettre en harmonie. Enfin, il passera bientôt à la dictée des phrases, car elles sont toutes composées en partie des verbes qu'il connaît, et sont formées sur la première personne grammaticale. Le maître dicte, ensuite il corrige ; après quoi l'élève doit traduire cette même phrase sur les trois personnes grammaticales des deux nombres, les deux premières au masculin, et la troisième au féminin,

Les demoiselles font l'inverse. On sent évidemment que, de cette manière, chacun s'habitue à l'orthographe de son sexe, en même temps qu'il apprend celle du genre opposé. Voilà de bonnes habitudes, dira-t-on; mais les règles, où sont-elles? La nouvelle méthode ne les exclut pas; elle prescrit seulement de ne les donner qu'à mesure qu'elles sont pratiquées, parce qu'alors elles reposent sur des réalités, elles cessent d'être des abstractions; ce ne sont plus que de simples remarques qui naissent d'elles-mêmes de l'observation des faits. Autrefois, la théorie en première ligne n'était qu'un prisme au travers duquel on entrevoyait ce qu'il fallait faire un jour; aujourd'hui, mise après la pratique, c'est un flambeau qui nous éclaire sur ce que nous avons fait. Je vais plus loin; s'il se trouve sur les bancs de l'école quelques malheureux enfants qui ne puissent s'élever, je ne dis pas aux abstractions, mais à la simple observation, au moins auront-ils pour eux l'habitude de la pratique : voilà l'essentiel; l'expérience ne nous démontre-t-elle pas chaque jour qu'il est plus facile, pour le commun des hommes, de se conformer aux règles que de les expliquer?

Si ces vérités sont senties, on se persuadera facilement que la nouvelle méthode a sur l'ancienne le double avantage de favoriser singulièrement les progrès des élèves, et de soulager de beaucoup les maîtres dans leurs importantes et pénibles fonctions. C'est donc dans des vues d'utilité générale que j'ai publié cette GRAMMAIRE PRATIQUE, et je me plais à croire qu'on en obtiendra de bons résultats en la suivant méthodiquement.

V.-A. VANIER.

RAMMAIRE PRATIQUE.

PREMIÈRE PARTIE.

~~~~~~~~~~~~~~~~~~~~~~~~~~~~~~~~~~~~~

CHAPITRE PREMIER.

§. I. — *Conjugaison orale.*

Les élèves, ayant sous les yeux le tableau n° 1, conjugueront de vive voix l'infinitif du verbe *être*, le présent, l'imparfait et le passé défini du mode indicatif, avec l'adjectif *aimable*, tel qu'ils le voient, ayant soin de mettre la troisième personne au féminin.

Remarque.—Dans les écoles de demoiselles, on mettra *il* à la troisième personne du singulier, et *ils* au pluriel, à la place de *elle* et *elles*.

Le maître veillera à ce que les consonnes finales du verbe soient prononcées par les élèves sur l'*a* de l'adjectif *aimable*, qui suit chaque personne (1).

Dans le premier exercice, chaque élève ne dit qu'un temps à la fois. Au second exercice, chacun répète le tableau, et celui qui fait le moins de fautes passe à la place supérieure.

Quand les élèves commencent à se familiariser avec l'adjectif *aimable*, on y substitue l'adjectif *honnête*, que l'on joint au verbe *être*, tant à l'infinitif qu'à chaque personne de chaque temps, et peu à peu on se sert de tous les adjectifs qui sont au bas du tableau.

§. II. — *Conjugaison écrite.*

Chaque élève copiera le tableau tel qu'il est. Le maître observera si, à l'adjectif des trois personnes du pluriel, on a mis l's, qui est le signe de pluralité.

Remarque. — Les demoiselles mettront *il* et *ils*, au lieu de *elle* et *elles*, ainsi qu'elles auront dû le faire dans la conjugaison orale.

_____

(1) Il sera bien de transcrire en caractères un peu gros chaque tableau, et d'en mettre les finales à l'encre rouge. On colle le tableau sur un carton; il sert pour tous.

On emploiera ensuite, les uns après les autres, les adjectifs qui sont au bas du tableau.

CHAPITRE II.

§. I. — *Conjugaison orale.*

Mêmes moyens qu'au chapitre premier ; et mêmes remarques pour les garçons et pour les demoiselles. On prendra le tableau du second degré, qui contient tout le mode indicatif du verbe *être*.

Quand les élèves en seront aux adjectifs de la seconde série, le maître aura soin de leur faire prononcer distinctement le féminin *inconstante, absente, intelligente*, etc., et de même à ceux des séries suivantes, qui prennent un *e* muet au féminin.

§. II. — *Conjugaison écrite.*

Les adjectifs qui sont au bas de ce tableau, sont distribués en quatre séries. La première contient des adjectifs qui finissent par un *e* muet. Quand les élèves les auront employés, ils écriront la règle suivante et l'apprendront.

N° 1. RÈGLE. — Tout adjectif qui finit par un *e* muet s'appèle adjectif de tous genres; il ne change point du masculin au féminin. On dit : « *Un homme* affable, *une femme* affable. » L'adjectif de tous genres prend seulement une *s* au pluriel. EXEMPLE : « *Des hommes* affables, *des femmes* affables. »

Les adjectifs de la seconde série se terminent par un *t*, et ils prennent un *e* muet au féminin. Le maître veillera à ce que l'*e* du féminin et l'*s* du pluriel ne soient point oubliés. Les élèves copieront et apprendront les règles suivantes, à mesure qu'ils conjugueront.

N° 2. RÈGLE GÉNÉRALE. — Tout adjectif qui ne finit pas par un *e* muet au masculin, prend un *e* muet au féminin. On dit : « *Un homme* absent, *une femme* absente ; *des hommes* absents, *des femmes* absentes ; *un homme* averti, *une femme* avertie ; *des hommes* avertis, *des femmes* averties ; *un homme* aperçu, *une femme* aperçue ; *un homme* enrhumé, *une femme* enrhumée. »

Les adjectifs de la troisième série sont terminés en *f*.

N° 3. RÈGLE. — Les adjectifs terminés en *f* au masculin, changent cette *f* en *v* au féminin. On dit : « *Un homme* attentif, *une femme* attentive ; *des hommes* attentifs, *des femmes* attentives. »

La quatrième série contient des adjectifs terminés en *x* et en *s*.

N°. 4. RÈGLE. — 1°. Les adjectifs en *x* et en *s* ne changent point du singulier au pluriel masculin. On dit au singulier : « *Un homme* heureux, *un homme* surpris », et de même au pluriel : « *Des hommes* heureux, *des hommes* surpris. »

2°. Les adjectifs en *x* changent cet *x* en *s* au féminin. EXEMPLE : « *Une femme* heureuse, *des femmes* heureuses. »

Nota. — Quelques adjectifs de cette quatrième série sont terminés en *é*, en *i* et en *u*. On se conformera à la règle générale, qui prescrit d'ajouter un *e* à l'adjectif féminin. On n'oubliera pas non plus de joindre l'*s* au pluriel. (*Voyez* n° 2, *Règle générale*, page 10.)

N° 5. RÈGLE GÉNÉRALE. — Il y a deux genres. Le MASCULIN, comme : « *un homme, un lion, un cheval, un arbre*. Le FÉMININ, comme : *une femme, une lionne, une jument, une statue.* »

2° Il y a deux nombres. Le SINGULIER, quand on ne parle que d'un seul être : « *Un homme, une femme, un cheval.* » Le PLURIEL, quand on parle de plusieurs : « *Des hommes, des femmes, des chevaux.* »

Autres adjectifs à joindre au verbe *être* (Il faut y ajouter un *e* muet au féminin.) :

Assoupi, défendu, attendu, occupé, couché, levé, effrayé, interdit, vu, reconnu, morfondu, coiffé, chaussé, interrogé, engagé, engageant, emménagé, embarrassé, emporté, importuné, engoncé, édenté, affligé, intéressé, hébergé, nourri, engourdi, ombrageux, attaché, effarouché, enorgueilli, ébahi, déchu, détenu ; tranquille (1), *indocile, sensible, blâmable, humble, imbécille.*

N° 6. RÈGLE GÉNÉRALE.—Les voyelles

nazales *an, en, in, on, un*, changent la lettre *n* en *m* devant les consonnes *b, m p*. EXEMPLE : « *ambassadeur, emporté, emmanché, impur, ombre, humble.* »

EXERCICES GRAMMATICAUX.

Les élèves, rangés en cercle devant le tableau, tiennent en main leur ardoise ou leur cahier. Le maître donne un adjectif quelconque, qu'il prend dans l'une des quatre séries, à son choix, comme, par exemple, *actif* ; puis il dit : « *Écrivez la seconde personne du féminin pluriel du présent de l'indicatif.* » Chaque élève doit écrire sur l'ardoise : « *Vous êtes actives* », et retourner l'ardoise du côté du maître ; celui-ci fait passer aux places supérieures ceux qui ont le mieux et le plus promptement fait. Le maître change d'adjectif, de personne, de nombre, de genre, et même de temps, quand bon lui semble.

Le maître interrogera les élèves sur les six règles de ce chapitre. (*Voir* la table des questions.)

CHAPITRE III.

§ I. — *Conjugaison orale.*

Les élèves, ayant sous les yeux le tableau du troisième degré, conjugueront de vivé voix, comme il est dit

(1) N'oublions pas que les adjectifs en *e* muet sont de tous genres. (*Voy.* pag. 10, RÈGLE n°. 1.)

chapitre premier (§. I), et le maître surveillera la pronociation, pour que chacun fasse sonner les finales *s*, *z* et *t*, partout où elles se rencontrent, comme aussi il évitera que les élèves en fassent sentir où il n'y en a point. Ce tableau contient le verbe *être* dans son entier.

PREMIER EXERCICE.

Le maître fera conjuguer de vive voix le verbe *être*, suivi d'un adjectif qu'il prendra, à son choix, dans l'une des quatre séries précédentes. (*Voyez* le tableau du second degré.) Il en prendra aussi parmi ceux de la page 12. Il fera employer aux élèves les articles possessifs sur les trois personnes du singulier et du pluriel.

EXEMPLE. — MODE INFINITIF : *Être attentif à son ouvrage, étant attentif à son ouvrage, avoir* ou *ayant été attentif à son ouvrage*. PARTICIPE *été*, invariable. MODE INDICATIF, temps présent : *Je suis attentif à mon ouvrage, tu es attentif à ton ouvrage, elle est attentive à son ouvrage, nous sommes attentifs à notre ouvrage, vous êtes attentifs à votre ouvrage, elles sont attentives à leur ouvrage.* Et ainsi à tous les temps.

Verbes à conjuguer.

Être interrogé à son tour, *être engagé à sa* (1) *parole*, *être asservi à ses devoirs* (2), *être attaché à ses sœurs*, *être indocile à ses maîtres*, *être actif à sa besogne*, *être habillé à sa mode*, *être instruit à sa manière*, *être accoutumé à sa méthode*, *être astreint à ses heures*, *être assujéti à ses habitudes*, *être habitué à ses travaux*.

Observations.

Quand les élèves auront été exercés sur tous les verbes précédents, et sur ceux que le maître aura voulu leur faire conjuguer de son chef, on leur fera apprendre les deux règles suivantes :

----

(1) On dit au féminin singulier : *ma* parole, *ta* parole, *sa* parole, *notre* parole, *votre* parole, *leur* parole.

(2) On dit au pluriel des deux genres : *mes* devoirs, *tes* devoirs, *ses* devoirs, *nos* devoirs, *vos* devoirs, *leurs* devoirs. — *Mes* sœurs, *tes* sœurs, *ses* sœurs, *nos* sœurs, *vos* sœurs, *leurs* sœurs.

N°. 1. RÈGLE GÉNÉRALE.—1°. Le verbe sert à exprimer ce que le sujet est, ou ce qu'il fait, à une époque quelconque, et c'est ce qu'on appelle temps, soit présent, soit passé, soit futur.

2°. Quand il exprime ce que le sujet est, c'est un verbe d'état, comme *être habile, être gai, être triste, être grand, être petit;*

3°. Quand le verbe exprime ce que le sujet fait, c'est un verbe d'action, comme *marcher, courir, voir, entendre.*

N°. 2. RÈGLE GÉNÉRALE.—Le sujet est l'être qui est dans tel état, ou qui fait telle action. Quand on dit: « *Ce cheval est blanc* », on exprime le verbe d'état *être blanc,* dont *cheval* est le sujet. Quand on dit: « *Ce cheval galope* », on exprime le verbe d'action *galoper,* dont *cheval* est le sujet.

§. II. — *Verbes d'action en* ER. (Ire conjugaison.)

Le maître écrira, sur une petite bande de carte, l'infinitif *marcher;* il en retranchera la finale *er,* de sorte qu'il ne lui restera en main que les cinq lettres MARCH : c'est le radical du verbe. Il présente ce radical sur toutes les finales du tableau, depuis l'infinitif en *er,* jusqu'à la fin du mode impératif, et à chaque fois qu'il ramasse une finale au bout de son radical, il conjugue le verbe qui se forme sous sa main, et qui apparaît aux yeux des élèves (1). Pour tenir ceux-ci en haleine sur la prononciation, on ajoutera au verbe un complément qui commence par une voyelle. EXEMPLE : *marcher* à pied, *marchant* à pied, *avoir* ou *ayant marché* à pied. PARTICIPE : *marché* (invariable). *Je marche* à pied, *tu marches* à pied, etc. Le maître aura soin de faire articuler l's de la seconde personne, et d'empêcher qu'on ne fasse sonner une s à la première, ni un t à la troisième, puisque ces deux personnes se terminent par un e muet.

_____

(1) Si l'on a fait des tableaux à finales rouges, on écrira les radicaux à l'encre rouge, ce qui frappera encore mieux la vue.

Pour tous les temps composés, il ne s'agit que de présenter le radical MARCH sur l'E final du participe *étÉ*, pour former le participe MARCHÉ, qui reste invariable à toutes les personnes.

Verbes à conjuguer.

Chanter un couplet, *porter* une lettre, *sauter* un fossé, *rêver* à quelque chose, *penser* à ses amis, *empêcher* un crime, *pratiquer* une vertu, *fermer* un œil, *chasser* un clou, *casser* une glace, *briser* un vase, *monter* une pendule, *danser* en rond, *blesser* un enfant, *laisser* un paquet, *ôter* une tache, *démonter* une table, *donner* un ordre. Tous les participes des verbes en *er* sont en *é.*

§. III. — *Conjugaison écrite.*

Il ne s'agit que de faire écrire les mêmes verbes que ci-dessus (§. I et §. II). Chaque élève formera lui-même son radical, et le présentera sur le tableau devant les finales. La conjugaison écrite ne dispense pas de la conjugaison orale : les élèves doivent donc répéter à haute voix leurs verbes quand ils les ont écrits.

§. IV. — *Verbes en* IER.

Le radical des verbes en *ier* se termine nécessairement par un *i*, car en retranchant *er* de l'infinitif PRIER, on aura pour radical PRI; en présentant ce radical à l'imparfait de l'indicatif, on aura, pour la première et la seconde personnes du pluriel: *nous* PRI *ions, vous* PRI *iez.* Même remarque aux deux mêmes personnes du présent du subjonctif. Le futur en *erai*, je *pri* erai, et le conditionnel en *erais*, je *pri* erais.

N° 3. RÈGLE. — Tous les verbes en *ier* ont deux *ii* aux deux premières personnes du pluriel de l'imparfait de l'indicatif et du présent du subjonctif, à cause des inflexions *ions, iez.*

Verbes à conjuguer.

Lier, scier, oublier, nier, estropier, supplier, justifier, initier, humilier, simplifier, expatrier, confier, concilier.

§. V. — *Verbes en* UER *et en* ÉER.

Remuer, dont le radical est REMU, ne demande d'autre

attention que de ne pas oublier l'*e* muet à toutes les personnes du futur et du conditionnel. *Je* REMU *erai*, *tu* REMU *eras*, etc.

Verbes à conjuguer.

Jouer, suer, puer, déjouer, échouer, créer, agréer, suppléer, avouer, amadouer, secouer, gréer, éternuer.

N°. 4. RÈGLE. — Tous les verbes de la première conjugaison ont le futur en *erai*, et le conditionnel en *erais*. Il faut retrouver l'infinitif du verbe dans chaque personne de ces deux temps.

EXERCICES SUR LE FUTUR ET LE CONDITIONNEL.

Les élèves seront rangés en cercle et munis de leur ardoise ou de leur cahier. Le maître dira : « Ecrivez le futur du verbe *prier*. » — Chaque élève écrira : « *Je prierai, tu prieras*, etc. » et retournera l'ardoise. — Le maître alors effacera tous les sujets, *je, tu, elle, nous, vous, elles*. Il effacera ensuite toutes les finales *ai, as, a, ons, ez, ont*, et il verra si l'infinitif *prier* se retrouve à toutes les personnes de ce temps ; car ceux qui auront omis l'*e* muet, et qui auront écrit *prirai*, auront pour résultat *prir*, au lieu de *prier*, et ils verront leur faute.

Cet exercice sera répété souvent sur les verbes en *ier*, *uer*, *éer*.

§. VI. — *Verbes en* YER.

N° 5. RÈGLE. — Tous les verbes en *yer*, changent leur *y* en *i* simple :

1° Aux trois personnes du singulier du présent de l'indicatif, et à la troisième personne du pluriel. EXEMPLE : « Je *nétoie*, tu *nétoies*, elle *nétoie*, elles *nétoient* ; »

2°. A toutes les personnes du futur et du conditionnel. EXEMPLE : « Je *nétoierai*, tu *nétoieras*, etc. ; je *nétoierais*, tu *nétoierais*, etc. »

Dans tous les autres temps l'*y* se conserve.

Conjugaison du verbe NÉTOYER.

Nétoyer, nétoyant, participe nétoyé. Je nétoie, tu nétoies, elle nétoie, nous nétoyons, vous nétoyez, elles nétoient. Je et tu nétoyais, elle nétoyait, nous nétoyions, vous nétoyiez, elles nétoyaient ; je nétoyai, etc. Je nétoierai, etc. Que je nétoie, que tu nétoies, qu'elle nétoye, que nous nétoyions, que vous nétoyiez ; qu'elles nétoyent ; que je nétoyasse, etc. ; je nétoierais, etc. ; nétoie, qu'elle nétoye, nétoyons, nétoyez, qu'elles nétoyent.

Verbes à conjuguer.

Broyer, bégayer, étayer, employer, essayer, noyer, essuyer, ennuyer, balayer, délayer. — Envoyer et renvoyer : ces deux derniers font, au futur et au conditionnel, j'enverrai, j'enverrais ; je renverrai, je renverrais. Tout le reste de la conjugaison est régulier.

N° 6. RÈGLE. — Les verbes en yer ayant un y dans le radical, les deux premières personnes du pluriel de l'imparfait de d'indicatif et du présent du subjonctif, ont un y suivi d'un i. Ex. « Nous EMPLOY ions, vous EMPLOY iez, à cause des inflexions ions, iez, qui s'y rencontrent. »

§. VII. — Verbes en CER.

N° 7. RÈGLE. — Les verbes en cer prennent une cédille sous le c, chaque fois que cette consonne se rencontre devant l'une des voyelles a et o.

Conjugaison du verbe BERCER.

Bercer, berçant. Participe bercé. Je berce, etc. Nous berçons ; je berçais, etc. Je berçai, etc. Que je berçasse, etc.

Nota. — Ce serait une faute de mettre une cédille sous le c devant e, i, car il est naturellement doux devant ces deux voyelles.

Verbes à conjuguer.

Percer, rincer, tracer, sucer, avancer, amorcer, écorcer, annoncer, prononcer, renoncer, enfoncer, défoncer, engoncer, énoncer, balancer, lancer, froncer.

§. VIII. — *Verbes en* GER.

N° 8, RÈGLE. — Les verbes en *ger* prènent un *e* muet après le *g*, quand cette consonne se rencontre devant *a* ou *o*.

Conjugaison du verbe CHANGER.

Changer, changeant; nous *changeons*; je *changeais*, etc. Je *changeai*; que je *changeasse*, *changeons*.

Ainsi se conjuguent : *Ranger, manger, déranger, charger, engager, nager, dégager, arranger, obliger, encourager, venger, endommager, emménager*, etc., etc.

§. IX. — *Verbes qui ont un* E *muet ou un* É *fermé dans le radical.*

Le radical de SEMER est SEM ; on dit je sème, nous semons. Dans le premier cas, l'*è* du radical devient demi-ouvert, on le couronne d'un accent grave. Dans le second cas (nous *semons*), il reste muet, on n'y met point d'accent.

N° 9. RÈGLE. — Tous les verbes où il y a un *e* muet ou un *é* fermé dans le radical, comme *semer, peser, répéter, céder*, etc., changent l'*e* muet ou l'*é* fermé du radical en *è* grave, chaque fois qu'après lui vient un *e* muet. EXEMPLE : Je *pèse, tu pèses*, elle *pèse*, elles *pèsent*; je *pèserai*, etc. L'*è* grave dans tout le futur et dans tout le conditionnel : *Pèse*, qu'elle *pèse*. Partout ailleurs l'*e* du radical reste muet. Il en est de même de *céder*, qui fait je *cède*, etc., et dont l'*é* fermé du radical se change en *è* grave, quand après lui vient un *e* muet.

Verbes à conjuguer.

Peser, semer, ressemer, promener, emmener, ramener, appeler, museler, renouveler, contrepeser, agréger, élever, vergeter, répéter, interpréter, pénétrer, lever, relever, *jeter, rejeter* (1), *considérer, abréger, posséder, succéder, révéler, excéder, obséder, protéger, opérer, exaspérer, incarcérer.*

§. X. — *Verbes à double consonne.*

N° 10. RÈGLE. — Tout verbe qui a une double consonne dans son radical, la conserve dans tout le cours de la conjugaison, comme *étrenner, débotter, flatter, grelotter,* etc.

Verbes à conjuguer.

Brouetter, brouettant, brouetté, je *brouette,* nous *brouettons.* Ainsi se conjuguent : *fouetter, girouetter,* etc., en conservant les deux *tt* ; *adresser, confesser, redresser, intéresser, plisser, ratisser, brosser, pousser, passer, tracasser, fracasser,* etc., en conservant les deux *ss* ; *interpeller, habiller, bâiller, brouiller, dérouiller, débrouiller, quereller,* en conservant les deux *ll* ; *étrenner,* en conservant les deux *nn* ; *resserrer,* en conservant les deux *rr.*

N° 11. RÈGLE GÉNÉRALE. — Tous les verbes de la première conjugaison en *er*, ont le présent en *e* muet, sans *s* à la première personne, sans *t* à la troisième; le passé défini en *as,* l'imparfait du subjonctif en *asse.*

Nota. — Le maître interrogera les élèves sur les onze règles du présent chapitre. (*Voir* la table des questions.)

_____

(1) Les personnes qui voudront doubler la consonne au lieu de mettre l'accent, sont bien libres d'écrire j'*appelle,* je *jette,* etc.; mais nous leur ferons observer que ce doublement de consonne, devant l'*e* muet, porte les élèves à la doubler où il ne le faut pas, et à écrire nous *jettons,* nous *appellons,* ce qui est une faute. D'ailleurs, double-t-on l'*m,* l'*s,* le *v*? Jamais : on se sert de l'accent. Double-t-on le *t* dans je *répète,* je *pénètre*? Jamais. Double-t-on le *d* dans je *cède,* j'*obsède*? Jamais : on se sert de l'accent. Il nous paraît plus raisonnable de suivre la règle, car elle a le double avantage d'être établie sur une base unique, et d'éviter des erreurs, en repoussant toute exception qui n'est fondée ni en principe ni en raison. Plusieurs bons typographes s'y conforment, et elle prévaudra.

CHAPITRE IV.

CONJUGAISON ÉCRITE DES VERBES D'ACTION EN IR.

(Quatrième et dernier Tableau.)

§. I. — *Passé défini en* IS, *imparfait du subjonctif en* ISSE.

Finir, finissant, avoir ou *ayant fini,* participe *fini.*
PRÉSENT : Je *finis,* tu *finis,* elle *finit;* comme au verbe *être,*
une s finale aux deux premières personnes du singulier,
et un *t* à la troisième. PLURIEL : *Nous finiss* ons, *vous
finiss* ez, *elles finiss* ent, sur les trois inflexions *ons, ez,
ent,* qui sont communes à tous les verbes. Je *finiss* ais,
etc., comme au verbe *être.* Je *finis,* nous *finîmes,* etc.,
sur la colonne annexe en *is, is, it, îmes, îtes, irent.* On
n'oubliera pas l'accent circonflexe aux deux premières
personnes du pluriel, nous *finîmes,* vous *finîtes.* Je
fini rai, etc., comme au verbe *être.* Que je *finiss* e,
etc., sur la colonne en e muet. Imparfait, que je fin *isse,*
etc., sur la colonne en *isse.* Ne pas oublier l'accent circonflexe sur la troisième personne du singulier, qu'elle
finît. CONDITIONNEL : je *fini* rais, etc., sur le verbe *être.*
IMPÉRATIF : *fini* s (comme la première personne, je
finis), qu'elle *finiss* e, *finiss* ons, *finiss* ez, qu'elles *finiss* ent.

Verbes à conjuguer.

*Blanchir, noircir, rougir, ternir, vernir, éblouir, rac-
courcir, rôtir, brunir,* et généralement tous les verbes
en *ir, issant.* Tous les participes sont en *i,* comme
blanchi, noirci, rougi, etc. Dans tous les temps composés, on met à la place du participe *été,* le participe du
verbe que l'on conjugue. EXEMPLE : J'ai *blanchi,* tu as
blanchi, etc., et le participe reste invariable.

Verbes en E muet, au présent.

Cueillir, cueillant, participe, *cueilli,* je *cueill* e, tu
cueill es, elle *cueill* e, je *cueilli* s, je *cueille* rai, je *cueille* rais,
cueill e, qu'elle *cueill* e, etc.

Ainsi se conjuguent : *recueillir, accueillir, tressaillir,
assaillir,* futur en *erai.*

Autres verbes en E muet.

Offrir, offrant, participe *offert*, j'offr e, j'offr is, j'offri rai, etc.

Ainsi se conjuguent: *mésoffrir, ouvrir, couvrir, découvrir, souffrir.*

N° 1. RÈGLE. — Quelques verbes de la seconde conjugaison se terminent en *e* muet au présent de l'indicatif, comme *cueillir*, je *cueille*; *ouvrir*, j'*ouvre*; *tressaillir*, je *tressaille*; *offrir*, j'*offre*, etc.

§. II. — *Passé en* US, *imparfait du subjonctif en* USSE.

Courir, courant, participe *couru*. Le radical est COUR. Présentez ce radical sur toutes les inflexions du verbe *être*, et le verbe sera conjugué. Deux *rr* à toutes les personnes du futur et du conditionnel, je COUR rai, je COUR rais, etc. Au passé défini, je COUR us, et à l'imparfait du subjonctif, que je COUR usse, sur le verbe *être*. Impératif : COUR s, qu'elle COUR e, COUR ons, COUR ez, qu'elles COUR ent. Le participe couru dans tous les temps composés.

Ainsi se conjuguent parcourir, secourir, concourir, encourir, recourir.

§. III. — *Passé défini en* INS, *imparfait du subjonctif en* INSSE.

Tenir, tenant, avoir ou ayant *tenu*. Participe *tenu*. Je et tu *tiens*, elle *tient*, nous *tenons*, vous *tenez*, elles *tiènent*; je *tenais*, etc. Je et tu *tins*, elle *tint*, nous *tînmes*, vous *tîntes*, elles *tinrent*, sur la colonne en *ins*. Toujours l'accent circonflexe aux deux premières personnes du pluriel. Je *tiendr* ai, tu *tiendr* as, etc.; que je *tièn* e, que tu *tièn* es, qu'elle *tièn* e, que nous *ten* ions, que vous *ten* iez, qu'elles *tièn* ent; que je *tin* sse, etc., sur la troisième colonne en *insse*. Ne pas oublier l'accent circonflexe à la troisième personne du singulier, qu'elle *tînt*. Conditionnel : je *tiendr* ais, etc. Impératif : *tiens* s, qu'elle *tièn* e, *ten* ons, *ten* ez, qu'elles *tièn* ent.

Ainsi se conjuguent: *Retenir, soutenir, maintenir*,

appartenir, abstenir, détenir, contenir, entretenir, subvenir, obtenir,

N° 2. RÈGLE. — Les verbes en *enir* ont le modificatif d'action en *enant*, le participe en *enu*, le présent en *iens*, l'imparfait en *enais*, le passé défini en *ins*, l'imparfait du subjonctif en *insse*, le futur en *iendrai*, le conditionnel en *iendrais*.

N° 3. RÈGLE GÉNÉRALE. — L'imparfait du subjonctif se forme toujours sur la même inflexion que le passé défini auquel il correspond. On change *tu* en *je*, et on ajoute *se* au passé défini, pour former la première personne de l'imparfait du subjonctif.

N° 4. RÈGLE. — Les verbes de la seconde conjugaison ont le passé défini, soit en *is*, soit en *ins*, soit en *us*, et l'imparfait du subjonctif en *isse, insse, usse*, toujours correspondant au passé défini.

N° 5. RÈGLE. — Les verbes de la première conjugaison sont les seuls qui aient l'inflexion *as* au passé défini, et l'inflexion *asse* à l'imparfait du subjonctif.

N° 6. RÈGLE GÉNÉRALE. — Le conditionnel de tout verbe se forme toujours sur le futur auquel il correspond. Il ne faut qu'ajouter une *s* à la première personne du futur, pour former celle du conditionnel. Je *prie* rai, fait je *prie* rais; je *fini* rai, je *fini* rais; je *viend* rai, je *viend* rais, je *cour* rai, je *cour* rais, etc.

Nota. — Le maître interrogera les élèves sur les six règles du présent chapitre. (*Voir* la table des questions.)

CHAPITRE V.

CONJUGAISON DES VERBES D'ACTION EN OIR.

§. I, — *Passé défini en* US, *imparfait du subjonctif en* USSE.

Recevoir, recevant, participe *reçu.* Je et tu *reço* is, elle *reço* it, nous *recev* ons, vous *recev* ez, elles *reçoiv* ent; je *recev* ais; je *reç* us; je *recev* rai; que je *reçoiv* e; que je *reç* usse; je *recev* rais. IMPÉRATIF: *reço* is, qu'elle *reçoiv* e, *recev* ons, *recev* ez, qu'elles *reçoiv* ent. Ne pas oublier la cédille sous le *ç* devant les voyelles *o* et *u*.

Ainsi se conjuguent: *Percevoir, apercevoir, concevoir.*

N° 1. RÈGLE. — Les verbes en *evoir* ont le futur en *evrai*, et le conditionnel en *evrais*.

§. II. — *Présent terminé en* X.

Vouloir, voulant, voulu. Je et tu *veux*, elle *veut*, sur la colonne annexe en *x*. Nous *voul* ons, vous *voul* ez, elles *veul* ent; je *voul* ais; je *voul* us; je *voud* rai; que je *veuill* e; que je *voul* usse; je *voud* rais; *veuill* e, qu'elle *veuill* e, *veuill* ons, *veuill* ez, qu'elles *veuill* ent.

Pouvoir, pouvant, pu. Je et tu *peux*, elle *peut*, nous *pouv* ons, vous *pouv* ez, elles *peuv* ent; je *pouv* ais; je *pu* s; je *pour* rai; que je *pu* sse; je *pour* rais; sans impératif.

Valoir, valant, valu. Je et tu *vaux*, elle *vaut*, nous *val* ons, vous *val* ez, elles *val* ent; je *val* ais; je *val* us; que je *vaill* e, etc.; que nous *val* ions, que vous *val* iez, qu'elles *vaill* ent; que je *val* usse; je *vaud* rais; *vaill* e, qu'elle *vaill* e, *val* ons, *val* ez, qu'elles *vaill* ent.

Ainsi se conjugue *prévaloir.*

N° 2. RÈGLE. — Les verbes *vouloir, pouvoir, valoir* et *prévaloir*, changent l's en *x* aux deux premières personnes du singulier du pré-

sent de l'indicatif. « Je et tu *veux*; je et tu *peux*; je et tu *vaux*. »

Avoir, avoir *eu*, ayant *eu*, participe *eu*. J'*ai*, tu *as*, elle *a*, nous *av* ons, vous *av* ez, elles *ont*; j'*av* ais; j'*e* us, tu *e* us, etc.; j'*au* rai; que j'*ay* e, que tu *ai* es, qu'elle *ai* t, que nous *ay* ons, que vous *ay* ez, qu'elles *ai* ent; que j'*e* usse; j'*au* rais. Impératif *ai* e, qu'elle *ai* t; *ay* ons, *ay* ez, qu'elles *ai* ent.

Nota. — C'est le seul verbe qui se conjugue lui-même dans ses temps composés, puisqu'on dit, j'*ai* eu, j'*eus* eu, j'*avais* eu, j'*aurai* eu, etc. Il sert d'auxiliaire aux autres.

§. III. — *Passé défini en IS, imparfait du subjonctif en ISSE.*

Voir, voyant, vit. Je et tu *voi* s; elle *voi* t, nous *voy* ons, vous *voy* ez, elles *voi* ent. Je *voy* ais, etc.; nous *voy* ions, *voy* iez, *voy* aient. Je *vis*, etc. Je *ver* rai, etc. Que je *voy* e, que nous *voy* ions, *voy* iez, qu'elles *voy* ent. Que je *v* isse; je *ver* rais; *voi* s, qu'elle *voy* e, *voy* ons, *voy* ez, qu'elles *voy* ent.

Ainsi se conjuguent : *Revoir*, *entrevoir*, *prévoir*. Ce dernier fait au futur, je *prévoi* rai, et par conséquent au conditionnel, je *prévoi* rais.

Asseoir, asseyant, participe *assis*. J'*assieds*, tu *assieds*, elle *assied*, sur la colonne en *d* final; nous *assey* ons, vous *assey* ez, elles *assey* ent. J'*assey* ais; j'*ass* is; j'*assié* rai; que j'*assey* e; que j'*ass* isse; j'*assié* rais; *assie* ds, qu'elle *assey* e, *assey* ons, *assey* ez, qu'elles *assey* ent.

Ainsi se conjugue : *Rasseoir*, participe *rassis*.

CHAPITRE VI.
Quatrième conjugaison en RE.
§. I. — *Passé défini en IS, imparfait du subjonctif en ISSE.*
Verbes en DRE, qui conservent le D.

Prendre, prenant, participe *pris*. Je et tu *pren* ds, elle *prend* (sur la colonne en *d*), *pren* ons, *pren* ez, *pren* ent.

Je *pren* ais ; je *pr* is ; je *prend* rai ; que je *pren* e (ne mettre l'accent grave sur le radical PREN que quand il est suivi d'un *e* muet ; car dans *pren* ions, *pren* iez, il n'en faut pas). Que je *pri* sse ; je *prend* rais. IMPÉRATIF : *prends* (toujours comme la première personne du présent de l'indicatif, je *prends*, en retranchant *je*). *Pren* ons, *pren* ez, qu'elles *pren* ent.

Ainsi se conjuguent : *Entreprendre*, *comprendre*, *reprendre*, *apprendre*, *désapprendre*. Le participe en *is*.

Seconde série.

Rendre, *rendant*, participe *rendu*. Je *rend* s ; je *rend* ais ; je *rend* is ; je *rend* rai ; que je *rend* e ; que je *rend* isse ; je *rend* rais ; *rend* s, qu'elle *rend* e, *rend* ons, *rend* ez, qu'elles *rend* ent.

Ainsi se conjuguent : *Tendre*, *fendre*, *défendre*, *attendre*, *pourfendre*, *retendre*, *refendre*, *vendre*, *revendre*, *épandre*, *répandre*. Le participe en *du*.

N° 1. RÈGLE. Les verbes en *endre* s'écrivent par *e*, *n* ; il n'y a que les deux verbes *épandre* et *répandre* qui s'écrivent par *a*, *n*.

Troisième série.

Coudre, *cousant*, participe *cousu*. Je *cou* ds, etc., nous *cous* ons, vous *cous* ez, elles *cous* ent ; je *cous* ais ; je *cous* is ; je *coud* rai ; que je *cous* e ; que je *cous* isse ; je *coud* rais ; *cou* ds, qu'elle *cous* e, *cous* ons, etc.

Ainsi se conjuguent : *Recoudre*, *découdre*.

Quatrième série.

Mordre, *mordant*, *mordu*. Je *mor* ds ; je *mord* ais ; je *mord* is ; que je *mord* e ; que je *mord* isse ; je *mord* rais ; *mord* s, qu'elle *mord* e, etc.

Ainsi se conjuguent : *Remordre*, *démordre*, *tordre*, *retordre*, *détordre*, *tondre*, *fondre*, *retondre*, *refondre*. Participe en *du*.

Cinquième série.

Interromp re, *interromp* ant, *interromp* u. Je et tu *interromp* s, elle *interromp* t ; j'*interromp* ais ; j'*interromp* is ;

3.

j'interromp rai, etc. Ainsi se conjuguent : *Rompre*, *corrompre*, etc.

Convaincre, *convainquant*, *convaincu*. Je et tu *convaincs*, elle *convainc*, nous *convainqu* ons, etc. Je *convainqu* ais ; je *convainqu* is ; je *convainc* rai ; que je *convainqu* e ; que je *convainqu* isse ; je *convainc* rais ; *convaincs*, qu'elle *convainqu* e, *convainqu* ons, *convainqu* ez, qu'elles *convainqu* ent. — Le verbe *vaincre* ne s'emploie guère au présent ni à l'imparfait.

§. II. — *Verbes en* DRE *qui perdent le* D.

Peindre, *peignant*, participe *peint*. Je *pein* s ; je *peign* ais ; je *peign* is ; je *peind* rai ; que je *peign* e ; que je *peign* isse ; je *peind* rais ; *pein* s, qu'elle *peign* e, *peign* ons, *peign* ez, qu'elles *peign* ent.

Ainsi se conjuguent : *Teindre*, *atteindre*, *geindre*, *joindre*, *craindre*, *plaindre*, *contraindre*, *enjoindre*, *feindre*, *astreindre*, *déteindre*, *éteindre*, et généralement tous ceux qui sont en g mouillé (en *gnant*).

Seconde série. Passé défini en US.

Résoudre, *résolvant*, *résolu*. Je et tu *résou* s, elle *résou* t, nous *résolv* ons, *résolv* ez, *résolv* ent ; je *résolv* ais ; je *résol* us ; je *résoud* rai ; que je *résolv* e ; que je *résol* usse ; je *résoud* rais ; *résou* s, qu'elle *résolv* e, *résolv* ons, *résolv* ez, qu'elles *résolv* ent.

Ainsi se conjuguent : *Absoudre*, participe *absous*, et *dissoudre*, participe *dissous*, et au féminin, *absoute*, *dissoute*. Tous deux sans passé défini, et sans imparfait du subjonctif.

Nº 2. RÈGLE. — Les verbes en *dre* conservent généralement le *d* aux trois personnes du singulier du présent de l'indicatif, à l'exception de ceux dont le modificatif d'action est en *gnant* ou en *vant*, qui le perdent.

§. III. — *Verbes en* ISANT *et en* IVANT.

Instrui re, *instrui* sant, participe *instruit* ; j'*instrui* s, etc. ; nous *instruis* ons, etc. ; j'*instruis* ais ; j'*instruis* is ; j'*instrui* rai ; que j'*instrui* e ; que j'*instruis* isse, j'*instrui* ais ; *instrui* s ; qu'elle *instruis* e, etc.

Ainsi se conjuguent : *Conduire*, *réduire*, *introduire*, *détruire*, *construire*, *déduire*, *produire*, etc., dont les participes sont en *it*. Ajoutez-y *luire*, *reluire*, participes *lui* et *relui*. — *Lire*, *lisant*, participe *lu* ; passé défini, je *lus*; imparfait du subjonctif, que je *lusse*. — *Dire*, *disant*, participe *dit* ; passé, je *dis*.

Écrire, *écrivant*, participe *écrit* ; j'écri s, etc.; nous *écriv* ons, etc.; j'*écriv* ais; j'*écriv* is; j'*écri* rai; que j'*écriv* e; que j'*écriv* isse; j'*écri* rais; *écri* s; qu'elle *écriv* e, *écriv* ons, *écriv* ez, qu'elles *écriv* ent. — Ainsi se conjuguent : *Circonscrire*, *prescrire*, *transcrire*, *souscrire*, *inscrire*, *décrire*.

Nº 3. RÈGLE. — Les verbes en *ir* sont de la seconde conjugaison; mais ceux en *ire* qui sont de la quatrième, se reconnaissent au modificatif d'action en *isant* et en *ivant*. Il faut y joindre aussi *rire*, *frire* et *bruire*.

Rire, *riant*, participe *ri* ; je *ri* s, etc.; nous *ri* ons, etc.; je *ri* ais, nous *ri* ions, vous *ri* iez, elles *ri* aient; je *ri* s; je *ri* rai ; que je *ri* e ; que nous *ri* ions ; *ri* iez, etc.; que je *ri* sse; je *ri* rais ; *ri* s, qu'elle *ri* e, *ri* ons, *ri* ez, qu'elles *ri* ent.

Bruire, *bruyant*; la mer *bruit*, les flots *bruissent*. Point d'autres temps.

Frire, participe *frit*, n'a point d'autre temps. C'est une onomatopée : on ne doit pas dire je *fris*, mais je fais *frire*, car c'est le poisson qui frit.

Dire, *disant*, participe *dit* ; je *dis*, nous *disons*, vous *dites*, elles *disent*; passé, je *dis*, nous *dîmes*, vous *dites*, etc. — Ainsi se conjuguent : *Redire*, *contredire*, qui font : vous *redites*, vous *contredites* ; *prédire*, *médire*, qui font : vous *prédisez*, vous *médisez* ; *maudire*, qui fait : vous *maudissez*.

Nº 4. RÈGLE. — Le modificatif d'action (ou participe présent) est toujours terminé en *ant* ; il se trouve dans tous les infinitifs des quatre conjugaisons, comme chant *ant* (de chanter); finiss *ant* (de finir); voy *ant* (de voir); rend *ant*

(de rendre). Il est invariable de sa nature, en
tant qu'il exprime l'action.

Nº 5. RÈGLE. — Il y a quatre conjugaisons
qui se reconnaissent à l'infinitif. La première en
er, comme *marcher*; la seconde en *ir*, comme
finir; la troisième en *oir*, comme *voir*; et la
quatrième en *re*, comme *prendre*.

Le maître interrogera les élèves sur les cinq règles con-
tenues au présent chapitre. (*Voir* la table des questions.)

CHAPITRE VII.

RÉCAPITULATION DU QUATRIÈME TABLEAU.

Nota. — Ce chapitre doit être appris et su par les élèves,
qui auront le tableau sous les yeux, pour répondre aux
questions du maître.

DEMANDE. Quelles remarques à faire sur les trois personnes du singulier du présent de l'indicatif?

RÉPONSE. Il y en a quatre : 1º. Elles se terminent généralement comme au verbe *être*, savoir : par une *s* aux deux premières personnes,
et par un *t* à la troisième. EXEMPLE : *Finir* fait *je*
et *tu finis*, elle *finit*; *voir* fait *je* et *tu vois*, elle
voit; *lire* fait *je* et *tu lis*, elle *lit*.

2º. La colonne annexe en *e* muet nous rappelle
tous les verbes de la première conjugaison, et
quelques-uns de la seconde, comme *cueillir*, je
cueille; *souffrir*, je *souffre*.

La troisième colonne nous rappelle les verbes en
dre, qui conservent leur *d*, comme *prendre*, je
prends; *coudre*, je *couds*, etc.; à l'exception des
verbes en *gnant* et en *vant*, comme *craindre*,

je *crains*; *résoudre*, je *résous*, lesquels perdent leur *d*.

La quatrième nous rappèle les verbes *valoir*, *vouloir* et *pouvoir*, qui changent leur *s* en *x* aux deux premières personnes du singulier.

D. Quelles remarques sur le pluriel ?

R. La première personne finit toujours par *ons*, la seconde par *ez*, quand l'*e* est fermé, et par *es*, quand il est muet, comme dans vous *dites*, vous *faites*, vous *êtes*; la troisième par *ent*, à l'exception des verbes *aller*, *faire*, *avoir* et *être*, qui se terminent par *ont* : ils *vont*, ils *font*, ils *ont*, ils *sont*.

D. Quelle remarque sur l'imparfait ?

R. Une seule : Tous les verbes se terminent comme le verbe *être*.

D. Quelles remarques au passé défini ?

R. Il y a quatre inflexions au passé défini: elles se reconnaissent à la seconde personne du sin-gulier.

L'inflexion *as* n'appartient qu'à la première conjugaison. Les trois autres conjugaisons ont les deux inflexions *is* et *us*. *Exemple*: *courir* et *sortir* font je *courus*, je *sortis*; *recevoir* et *voir* font je *reçus*, je *vis*; *lire* et *prendre* font je *lus*, je *pris*. Il n'y a que les verbes en *enir* qui prènent l'inflexion *ins*, comme *tenir*, je *tins*.

D. Quelle remarque sur le futur ?

R. Une seule: Tous les verbes de la première conjugaison prènent l'*e* muet, et font *erai*. *Exemple*: Je *chante*rai, tu *chante*ras, etc. Tous les autres verbes ne prènent point l'*e* muet, mais, seulement les finales *rai, ras, ra, rons, rez, ront.*

D. Quelle remarque sur le présent du subjonctif?

R Une seule : Tous les verbes finissent par un *e* muet au singulier, et par *ions, iez, ent,* au pluriel.

D. Quelle remarque sur l'imparfait du subjonctif?

R. Une seule : Il est toujours formé sur la même inflexion que le passé défini.

D. Quelle remarque sur le conditionnel?

R. Une seule : Toujours semblable au futur d'où il est formé.

D. Quelles remarques sur l'impératif?

R. Il n'a point de première personne au singulier, et commence par la seconde; cette seconde personne se forme sur la première de l'indicatif, dont on retranche *je*; ainsi, de je *marche*, on forme *marche*, en *e* muet. De je *vois*, je *prends*, on forme *vois*, *prends*. La troisième personne est en *e* muet pour tous les verbes.

Le pluriel comme au verbe *être.*

§. I. — *Des verbes transitifs et de leurs régimes.*

N° I. RÈGLE. —Un verbe est transitif quand l'action qu'il exprime tombe directement sur un objet quelconque, et cet objet s'appèle, en grammaire, régime direct; il répond à la question *quoi?*

Exemple : « La souris ronge le pain. »

La *souris* est le sujet, puisque c'est elle qui fait l'action de ronger; mais elle ronge *quoi?*

R. Le *pain* : le substantif *pain* est donc le régime direct du verbe.

Autre *Exemple* : « Le chat mange la souris. » Ici c'est le *chat* qui est le sujet : il mange ; mais il mange *quoi?* — La *souris*. C'est donc le substantif *souris* qui est le régime direct.

N° 2. RÈGLE. — Le régime direct est l'être qui reçoit directement l'action du sujet ; il répond à la question *quoi?* et se place immédiatement après le verbe.

N° 3. RÈGLE. — Tout verbe qu'on ne peut pas interroger par la question *quoi?* est intransitif, et ne peut avoir de régime direct. Tels sont, par exemple, les verbes *marcher, éternuer, rire, nager, transpirer*, et généralement tous ceux après lesquels on ne peut pas placer immédiatement l'un des deux mots d'essai *quelqu'un* ou *quelque chose.*

N° 4. RÈGLE. — Le régime indirect est toujours séparé du verbe par une préposition ; il indique l'objet vers lequel se dirige l'action. *Exemple :* « Il marche *vers* le bois. » — Le sujet est *il*, le verbe est *marche*, le régime indirect est *bois.*

N° 5. RÈGLE. — Le régime indirect répond à l'une des questions à *qui?* ou à *quoi? sur quoi? dans quoi? vers quoi?* etc. Et jamais à la simple question *qui?* ou *quoi?* qui n'est que pour le régime direct.

N° 6. RÈGLE. — Quand le participe exprime l'état, il est *participe-adjectif*, et s'accorde tou-

jours avec son substantif en genre et en nombre.
Exemple : « Une maison bien *bâtie*; cette maison
est bien *bâtie*. »

Quand il exprime l'action, il est *participe-verbe*,
et demeure invariable, à moins qu'il n'ait un régime direct formellement exprimé avant lui.

Exemple : « Ils ont *bâti* cette maison. »

« Ils se sont *bâti* deux maisons. »

Ils ont bâti *quoi*?—une *maison*, deux *maisons*.
Le participe-verbe reste invariable.

Autre exemple : « Combien de maisons a-t-il
bâties? »

« Quelle maison a-t-il *bâtie*, ou s'est-il *bâtie*? »

Ici le régime direct est exprimé avant le participe; aussi prend-il l'accord avec son régime.
Dans la première phrase, *bâties* est au féminin
pluriel, à cause de son régime direct *maisons*.
Dans la seconde phrase, *maison* étant au singulier, le participe est au singulier.

DEUXIÈME PARTIE.

CHAPITRE PREMIER.

CETTE seconde partie contient des phrases formées sur
la première personne du singulier; le maître en fait la
dictée à ses élèves, après quoi il corrige à l'encre rouge,
et compte les fautes. Le corrigé étant fait, les élèves re-
tournent à leurs places, et, d'eux-mêmes, traduisent la
phrase sur les trois personnes du singulier et du pluriel,

§. I. — *Dictée.*

Le maître dicte ce qui suit :

Première personne du masculin singulier.

« Je suis tranquille à ma place, je range mes livres. Je suis docile à la leçon de musique, je chante la gamme. Je suis attentif à ce que mon maître me dit, et je suis actif à l'ouvrage. »

Nota. — Quand la dictée est faite, et corrigée par le maître, les élèves doivent traduire cette même phrase aux autres personnes, comme il suit :

Deuxième personne du masculin singulier.

« Tu es tranquille à ta place, tu ranges tes livres. Tu es docile à la leçon de musique, tu chantes la gamme. Tu es attentif à ce que ton maître te dit, et tu es actif à l'ouvrage. »

Troisième personne du féminin singulier.

« Elle est tranquille à sa place, elle range ses livres. Elle est docile à la leçon de musique, elle chante la gamme. Elle est attentive à ce que son maître lui dit, et elle est active à l'ouvrage. »

Première personne du masculin pluriel.

« Nous sommes tranquilles à notre place, nous rangeons nos livres. Nous sommes dociles à la leçon de musique, nous chantons la gamme. Nous sommes attentifs à ce que notre maître nous dit, et nous sommes actifs à l'ouvrage. »

Deuxième personne du masculin pluriel.

« Vous êtes tranquilles à votre place, vous rangez vos livres. Vous êtes dociles à la leçon de musique, vous chantez la gamme. Vous êtes attentifs à ce que votre maître vous dit, et vous êtes actifs à l'ouvrage. »

4

Troisième personne du féminin pluriel.

« Elles sont tranquilles à leur place, elles rangent leurs livres. Elles sont dociles à la leçon de musique, elles chantent la gamme. Elles sont attentives à ce que leur maître leur dit, et elles sont actives à l'ouvrage. »

Nota. — Dans les institutions de demoiselles, on fera l'inverse, comme on a fait dans la conjugaison, c'est-à-dire que la maîtresse dictera la première personne au féminin, et les élèves traduiront la seconde au même genre; mais la troisième personne seulement se traduira au masculin. On suivra la même marche au pluriel, *nous* et *vous* au féminin, et *ils* pour le masculin.

Quand les élèves auront rapporté leurs phrases sur les trois personnes du singulier et du pluriel, on leur dictera les règles qui suivent. On suivra cette même marche à chaque paragraphe.

N° 1. REGLE. —Quand le mot *leur* signifie à *eux* ou à *elles*, il est pronom personnel, et ne prend jamais d'*s*. Il est facile à reconnaître par la place qu'il occupe, soit devant le verbe, soit après, et dans ce dernier cas, il y est joint par un trait d'union. Exemple: « J'ai vu vos amis, je *leur* ai parlé de vous, portez - *leur* votre demande. » C'est-à-dire : j'ai parlé à *eux*, portez à *eux* votre demande.

N° 2. REGLE. —Quand le mot *leur* signifie *appartenant à eux*, ou *à elles*, il est article possessif, et prend une *s* au pluriel. Il est facile à reconnaître par la place qu'il occupe, soit devant le substantif, soit après l'un des pronoms *le, la, les*. Exemple : « Voici *leur* cheval » (s'il n'y en a qu'un), ou « voici *leurs* chevaux » (s'il y en a plusieurs). « Voici le *leur* » (s'il n'y en a qu'un), ou « voici les *leurs* » (s'il y en a plusieurs). En parlant d'une seule voiture, on dira : « Voici la *leur.* » En parlant de plusieurs, on dira : « Voici les *leurs.* »

Nota. — L'exemple que nous venons de donner suffira sans doute pour faire saisir la marche à suivre, sans qu'il soit nécessaire de répéter chaque phrase sur les trois personnes : nous ne donnerons donc que la première.

§. II. — *Dictée à traduire sur les trois personnes.*

« J'étais enrhumé, et j'étais retenu chez moi, où je m'ennuyais à périr. Mes sœurs sont venues me voir, et j'en ai été enchanté. Maintenant je suis rétabli, je suis gai, je suis bien portant ; me voilà disposé à partir pour la campagne, où je suis attendu. »

N° 3. REGLE. — Quand le mot *où* signifie *en quel lieu,* il est pronom, et prend un accent grave. Quand il signifie *ou bien,* il est conjonction, et n'en prend pas. EXEMPLE : « J'irai à Versailles *où je* vous attendrai. » C'est-à-dire dans lequel *lieu,* ou dans lequel *Versailles* je vous attendrai. — Si nous disions, par exemple : « J'irai à Versailles *ou* à Marly, » il ne faudrait point mettre d'accent sur le mot *ou.* Cela veut dire : « j'irai à Versailles *ou bien* à Marly. »

§. III. — *Dictée à traduire.*

« Je ne serai absent qu'une demi-heure ou trois quarts d'heure au plus, car je suis impatient de revenir. Sitôt que je serai rentré, je repasserai mes devoirs et je prierai mon frère de me les corriger, car je ne suis pas trop sûr de moi, et je crains d'y avoir fait des fautes. J'avais envoyé mon domestique chez un de mes amis, et il ne revenait pas me rendre réponse ; aussi étais-je bien tourmenté ! Qu'on juge de mon inquiétude, il était onze heures et demie, ou minuit et demi.

N° 4. REGLE. — Tous les substantifs et adjectifs masculins et féminins en *eur,* sont sans *e* final. On écrit donc : *Odeur, ardeur, sœur, pu-deur, rougeur, noirceur, suborneur, conducteur, tailleur,* etc., etc., sans *e* final.

EXCEPTION. Deux substantifs féminins prènent un *e* muet, ce sont *heure* et *demeure.* Il y en a trois au masculin, et ils s'écrivent par deux *rr,* ce sont : *beurre, leurre* et *feurre.*

N° 5. REGLE. — Le mot *demi* est invariable devant un substantif, et s'y attache par un trait d'union. Un *demi-pied,* une *demi-aune,* deux *demi-brasses.* Il devient variable après le subs-tantif : Une heure et *demie,* deux brasses et *demie;* un pied et *demi,* deux pieds et *demi.*

N°. 6. REGLE. — Dans les phrases interroga-tives ou exclamatives, on transporte le sujet après le verbe, et on l'y attache par un trait d'union. EXEMPLE : Etais-*je* inquiet ? Etais-*tu* inquiet ? Etait-*elle* inquiète ? Etions-*nous* inquiets ? Etiez-*vous* inquiets ? Etaient-*elles* inquiètes ?

§. IV. — *Dictée à traduire.*

« J'étais fatigué quand je suis rentré hier soir : je suis revenu à pied, comme j'étais parti le matin. Je serai bien heureux si je n'attrape pas une courbature. Je reçois à l'instant une lettre qui me fait le plus grand plaisir, et je suis joyeux d'apprendre que tous mes parents se portent bien. Je pense souvent à eux ; je sais qu'ils m'aiment et qu'ils ont pour moi bien des bontés ; je serais un ingrat si je n'y répondais pas. Je suis fâché qu'il y ait cent lieues ou cent une lieues de distance entre eux et moi. Que je se-rais satisfait s'il n'y en avait que cinq ou six ; mais c'est pour moi comme s'il y en avait mille. »

N° 7. REGLE. — Le mot *cent* prend une *s* quand il y a plusieurs *cents,* et que ce mot ter-mine le nombre. On dit : deux *cents* hommes.

Mais quoiqu'il y ait plusieurs *cent*, s'il ne termine pas le nombre, il ne prend pas d'*s*. On dit: *Deux cent* trois hommes. — Le mot *vingt* prend une *s* dans quatre-*vingts* hommes; six-*vingts* hommes; quinze-*vingts*. Mais quand il ne termine pas le nombre, il n'en prend pas; ainsi on écrit sans *s* quatre-*vingt*-un, quatre-*vingt*-deux, etc. — Le mot *mille* est invariable.

§. V. — *Dictée à traduire.*

« Je vois ici plusieurs fusils, je prends le mien (1) et je l'amorce, j'aperçois un lièvre, je le couche en joue, je le vise et je le tue. Demain je l'enverrai à ma sœur, et après-demain je serai rendu chez elle, où je suis prié à dîner. Je tuerai, si je le peux, une couple de perdrix; je veux les joindre à mon lièvre. Ma sœur est enchantée quand je lui porte ou que je lui envoie de ma chasse, et moi je ne suis pas fâché de paraître adroit à cet exercice, que je trouve très-salutaire à ma santé. Je jouerai au billard ce soir, quand toutes mes affaires seront terminées; j'essaierai mon nouveau tapis et mes nouvelles billes, car l'une des anciennes s'était écornée en tombant. »

N° 8. REGLE. — Quand les articles possessifs *notre*, *votre*, sont devant le substantif, l'*o* est bref, et ne prend pas d'accent. EXEMPLE: « *notre* cheval, *votre* cheval. » — Mais quand ces mêmes articles sont placés après les pronoms *le*, *la*, *les*, l'*ô* est long, et se couronne d'un accent circonflexe. EXEMPLE : « Voici le *nôtre*, la *nôtre*, les *nôtres*, le *vôtre*, la *vôtre*, les *vôtres*. »

N° 9. REGLE. — L'adverbe d'augmentation *très* se joint toujours par un trait d'union à l'adjectif ou à l'adverbe qu'il modifie. EXEMPLE :

---

(1) On dit : Le *mien*, le *tien*, le *sien*, le *nôtre*, le *vôtre*, le *leur*, — Au pluriel des deux genres: les *miens*, les *tiens*, les *siens*, les *nôtres*, les *vôtres*, les *leurs*.

« Il est *très*-bon, *très*-grand, *très*-fort, *très*-bien, *très*-mal. »

§. VI. — *Dictée à traduire.*

» J'attends mon frère, je suis certain qu'il ne tardera pas à me (1) joindre. Je me promène (2), je m'impatiente (2), je m'assieds (2), je me relève (2), je cours, je vais, je viens, je prie une personne de ma connaissance de me dire s'il n'est pas chez elle, j'en suis inquiet. Enfin, le voilà ! que je suis aise ! Je le prierai de ne pas me laisser seul une autre fois, et surtout si long-temps privé de sa présence. J'essaie en ce moment une ceinture, elle est trop courte pour moi, j'y couds une allonge. Je suis bien fatigué : je résous une question qui me paraît bien difficile. Je suis rempli de couleur : je teins un ruban, je m'y prends mal et j'enrage. Comme me voilà fait ! »

N° 10. REGLE. — Un verbe est réfléchi-direct, quand le sujet est lui-même régime direct de sa propre action. Dans « je me promène » le sujet est *je*, et le régime direct est *me*, pour moi-même. — Dans « tu te promènes » le sujet est *tu*, le régime direct est *te*, pour toi-même. — Dans « elle se promène », le sujet est *elle*, et le régime direct est *se*, pour elle - même. — Dans « nous nous promenons, » le sujet est le premier *nous*, et le régime direct est le second *nous*. » — Même remarque dans « vous vous promenez », et dans « elles se promènent. »

Tout verbe réfléchi-direct se conjugue avec deux pronoms personnels, dont le premier est sujet (faisant l'action), et le second est régime direct (recevant l'action).

---

(1) *Te* joindre, *la* joindre, *nous* joindre, *vous* joindre, *les* joindre.

(2) Je me promène, signifie je promène moi-même. C'est un verbe réfléchi-direct. Même remarque pour chaque verbe sous le n°. 2.

§. VII. — *Dictée à traduire.*

« Je me procurerai une bonne carte(1), et je parcourrai les diverses routes qu'il faudra que je suive. Je me laverai les mains quand j'aurai fini (2) mon dessin, car mon crayon me les noircit quand je le taille. Je me donnerai une montre (1) avec mes épargnes, et je me ferai un vrai plaisir (1) de la porter. Je me fabriquerai une cabane (1) de planches, et j'y déposerai mes instruments aratoires. Je serai exact à mes devoirs, et je m'attirerai la bienveillance (1) de mes supérieurs. Je me mettrai en tête (1) de bien faire, et je réussirai dans tout ce que j'entreprendrai. Jamais je ne m'approprierai les choses (1) qui ne m'appartiènent pas. Je me retiendrai une place (1) à la diligence, et je partirai pour mon pays ; j'irai voir mes amis. »

N° 11. RÈGLE. — Un verbe est réfléchi-indirect, quand le sujet est lui-même régime indirect de sa propre action. Les verbes réfléchis-indirects se conjuguent avec deux pronoms personnels, dont le premier est sujet du verbe, et le second régime indirect. EXEMPLE : « Nous nous laverons les mains » ; c'est-à-dire, *nous* laverons les mains *à nous*. Le premier *nous* est sujet, le régime direct est *mains*, et le régime indirect est le second *nous*, pour *à nous*.

N° 12. RÈGLE. — Les verbes réfléchis, soit directs, soit indirects, se conjuguent avec l'auxiliaire *être*, et c'est le seul cas où ce verbe remplace *avoir*. Ainsi l'on écrit : « Je me *suis* procuré de bons livres, tu t'*es* procuré une voiture, elle s'*est* procuré une place ; nous nous *sommes*

---

(1) « Je me procurerai une bonne carte », signifie : Je procurerai une bonne carte à moi. — *Je* est le sujet, *carte* le régime direct, et *me*, pour *à moi*, régime indirect. C'est un verbe réfléchi-indirect. Il en est de même de tous ceux du même numéro.

(2) Fini, partipe-verbe, invariable.

procuré de bons livres, vous vous *êtes* procuré des voitures, elles se *sont* procuré des places. »
— Cela veut dire : J'ai procuré de bons livres *à moi*, tu as procuré une voiture *à toi*, etc., etc. Chaque sujet est *je, tu, elle, nous, vous, elles*; chaque régime direct est *livre, place, voiture*; chaque régime indirect est *me, te, se*; le second *nous*, le second *vous*, et *se*.

CHAPITRE II.

EMPLOI DU PARTICIPE.

Nota. — Quand le participe exprime l'action, il est invariable, à moins qu'il n'ait un régime direct formellement exprimé avant lui. (*Pag.* 31, *Règl.* 6.)

§. I. — *Dictée à traduire.*

« Je *me* suis promené (1) dans mon jardin, je *me* suis fatigué (1), et je *me* suis reposé (1) sur un banc, où je *me* suis endormi (1). Mon frère *m'a* réveillé (1), je *me* suis relevé (1), je *me* suis rendu (1) avec lui à la maison, où je *me* suis approché (1) du feu, car je *me* suis senti (1) mal à mon aise, et je *me* suis chauffé (1). »

§. II. — *Dictée à traduire.*

« Je me suis procuré (2) des *plumes*; je me *les* suis

---

(1) Tous ces participes sont variables, car ce sont des verbes réfléchis-directs, et chaque régime direct, *me*, étant exprimé avant le participe, celui-ci prend l'accord. Dans les institutions de jeunes demoiselles, tous ces participes doivent être au féminin, *promenée, fatiguée, reposée*, etc. — Les garçons ne mettront le féminin qu'à la troisième personne : elle s'est *promenée, fatiguée, reposée*, etc.; et de même au pluriel : elles se sont *promenées, fatiguées, reposées*, etc.

(1) *Procuré*, quoi? des *plumes*. — Invariable.

procurées (1) chez mon marchand. Je me suis acheté (2) une *montre*, *que* j'ai portée (3) pendant quelque temps, mais elle s'est arrêtée (4), et je *l'*ai rendue (5) à mon horloger, qui m'en a donné (6) *une autre*, et qui a vendu (7) *la mienne* après *l'*avoir arrangée (8). Je suis très-content de la nouvelle montre *que* je me suis procurée (9), elle est excellente, et elle ne s'est pas dérangée (10) depuis que je *l'*ai achetée (11). »

§. III. — *Dictée à traduire.*

Nota. — Les régimes directs seront écrits en *italique*, pour indiquer le motif de variabilité, et éviter de répéter les mêmes explications à chaque participe.

« Je *me* suis miré dans ma glace, et je *me* suis trouvé changé depuis la dernière maladie *que* j'ai éprouvée. Je *me* suis remis à l'usage de la tisane *que* mon médecin m'avait prescrite, et je *me* suis aperçu que ma santé revenait de plus en plus. Quand je *me* suis vu bien portant, je *me* suis décidé à partir pour Orléans, où depuis long-temps on m'avait invité à me rendre. Je *me* suis bien amusé dans cette ville, je m'y suis bien diverti, et je *me* suis applaudi de la résolution *que* j'avais prise. »

§. IV. — *Dictée à traduire.*

« Je *me* serais trompé si j'avais suivi la *route que* cet homme m'a indiquée, et je *me* serais perdu. Je *me* suis servi de la recette *que* mes amis m'ont donnée, et je

---

(1) *Procurées*, variable, à cause de son régime direct *les*, pour les *plumes*, qui le précède.

(2) *Acheté*.... quoi? une *montre*, invariable.

(3) *Portée*, variable, à cause de *que*, pour laquelle *montre*.

(4) *Arrêtée*, variable, à cause de *se* (pour elle-même), qui précède.

(5) *Rendue*, variable à cause de *l'* pour *la* montre, qui précède.

(6) *Donné*.... quoi? — *une autre*, invariable.

(7) *Vendu*, invariable, son régime direct est *la mienne*.

(8) *Arrangée*, variable, à cause de son régime direct *l'* pour *la* montre.

(9) *Procurée*, variable, à cause de *que*, pour la montre.

(10) *Dérangée*, variable, à cause de *s'* pour *se*, ou *elle*, montre.

(11) *Achetée*, variable, à cause de *l'* pour *la* montre.

m'en suis bien trouvé. J'ai beaucoup ri (1) de l'histoire qu'on m'a contée. J'ai marché (1), j'ai travaillé (1) toute la journée ; je *me* suis lassé. J'ai dansé (1) l'autre jour au bal, je *me* suis enrhumé ; j'ai beaucoup toussé (1), j'ai beaucoup éternué (1), et j'étais bien contrarié ; mais depuis que j'ai expectoré (1) je me trouve bien soulagé. »

CHAPITRE III.

§. I. — *Dictée à traduire.*

« Mon oncle a une maison à Versailles, et mon frère en a une à Saint-Denis ; je suis engagé à dîner chez l'un et chez l'autre, et je suis très-embarrassé du choix. Je suis pénétré de reconnaissance pour toutes les marques d'amitié *qu'*ils m'ont données. Mon cousin est arrivé d'hier, il a remis à ma sœur les *étoffes qu'*elle lui avait demandées, et il m'a rapporté les armes *que* je lui avais prêtées. Je suis très-ami et très-lié avec lui. »

N° 1. RÈGLE. — « On met un accent grave sur l'*à*, quand il est préposition ; dans ce cas, il indique un point de tendance ; mais on n'en met jamais sur l'*a* verbe, qui est la troisième personne d'*avoir*. Dans cet exemple : « il *a* une maison *à* Versailles », le premier *a* est verbe, il ne faut point d'accent ; mais le second est préposition, il faut y en mettre un. »

§. II. — *Dictée à traduire.*

« Je me suis attiré des reproches. Je me suis acheté une montre. Je me suis donné des airs. Je me suis fait mal. Je me suis cogné la tête. Je me suis bâti une maison. Je me suis taillé une robe. Je me suis construit une cabane. Je me suis coupé les cheveux. Je me suis parlé. Je me suis rendu compte. Je me suis attribué cet ouvrage. Je me suis ri de cela. Je me suis préparé un logement. »

(1) Tous les participes qui sont sous ce numéro sont invariables ; les verbes sont intransitifs, et n'ont point de régime direct, rien ne peut donc en faire varier le participe.

Nota. — Tous les verbes de ce paragraphe sont réfléchis-indirects : aucun participe n'est variable, puisqu'aucun n'a de régime direct exprimé avant lui. Chaque sujet est *je* , et chaque régime indirect est *me*, pour *à moi.*

§. III. — *Dictée à traduire.*

« Mon parent est venu chez moi, hier; il m'a rapporté (1) les livres *que* je lui avais prêtés (2); je suis bien fâché de ne pas *m*'être rencontré (2) avec lui; mais je croyais* n'être absent que pendant une heure ou deux, et je suis resté jusqu'au soir dehors. Mes frères m'ont renvoyé (1) les gravures *que* je leur avais laissées (2); je *les* ai copiées (2), je *les* ai enluminées (2), et j'en ai orné (1) ma chambre. J'ai tendu (1) des filets dans mon jardin, et j'ai attrapé (1) des oiseaux; je *les* ai renfermés (2) dans une grande volière *que* m'a donnée (2) mon frère Jules. Je ne suis pas encore revenu de l'étonnement dans lequel *m*'a jeté (2) la malheureuse affaire *que* m'a racontée (2) mon oncle. Je niais** que cela fût ainsi, tant j'étais persuadé du contraire; mais enfin je *me* suis convaincu (2) que ces messieurs avaient raison. Ce cheval est bon, je le garderai pour moi. Cet arbre est fort, je ne pourrai jamais l'abattre. Ces oiseaux, ces poules sont sauvages, je n'en veux point. Cette maison, cette habitation ne me conviennent pas, je ne suis point décidé à y porter des meubles. »

Nota. — Tous les participes-verbes qui sont sous le n° 1 restent invariables; ils ont bien un régime direct, mais après eux, par conséquent, point d'accord. — Tous les participes-verbes qui sont sous le n° 2 sont variables, chaque régime direct précède; on peut les reconnaître aux lettres italiques. — Tous les adjectifs et les participes-adjectifs sont variables et prennent l'accord selon la règle. (*Voyez* pag. 10, règle n° 2.)

N° 2. RÈGLE. — On met l'article démonstratif *ce* devant les substantifs masculins qui commencent par une consonne ou une *h* aspirée : « *Ce* cheval, *ce* hameau »; mais quand le substantif

---

(*) *Voy.* les verbes en *yer*, page 17, n°. 6.
(**) *Voy.* les verbes en *ier*, page 15, n°. 3.

commencé par une voyelle ou une *h* douce, on
met *cet*. Exemple : « *Cet* homme, *cet* arbre. » —
On emploie *cette* pour le féminin : « *Cette* dame,
cette chambre, *cette* arme. » — On emploie *ces*
pour le pluriel des deux genres : « *Ces* messieurs,
ces dames, *ces* chevaux, *ces* armes. »

§. IV. — *Dictée à traduire.*

« Quelles *étoffes* ai-je donc achetées (1), quels *mar-chands* ai-je donc vus (1), quelle *personne* ai-je consul-tée (1), quel *plaisir* me suis-je procuré (1)! Tel on *m'a* vu (1), tel on me verra toujours. J'ai reconnu (2) aux Tuileries quelques personnes de ma connaissance. Quelque grande et quelque fatigante qu'ait été ma promenade, je ne *m'en* suis pas trouvé (1) plus mal. Quelque bons que soient ces fruits, je n'en prendrai pas, je ne mange* jamais de crudité. Je *me* suis assuré (1) d'une chose, c'est que ma santé se fortifie quand je change* de régime selon l'ordonnance de mon médecin. Quel que soit mon carac-tère, quelle que soit mon humeur, quels que soient mes dé-fauts, quelles que soient mes qualités, qu'on me laisse tel que je suis. Quelques bons médecins sont venus voir ma sœur, mais je doute fort, quelque bons qu'ils soient, qu'ils me procurent la satisfaction de la guérir radicale-ment : ils me le font cependant espérer. »

Nota. — On dit : *as-tu, a-t-elle* ou *a-t-il; avons-nous, avez-vous, ont-elles* ou *ont-ils.* — *T'es-tu, s'est-il* ou *s'est-elle, nous sommes-nous, vous êtes-vous, se sont-ils* ou *se sont-elles.*

N° 3. REGLE. — *Quel, quelle,* est adjectif, et s'accorde avec son substantif en genre et en nombre. EXEMPLE: « *Quel* homme! *quelle* femme! *quels* hommes! *quelles* femmes! » — Souvent cet adjectif est suivi de la conjonction *que.* — EXEM-

(1) Tous les participes de ce numéro sont variables, leurs régimes précèdent, et sont marqués en italique.
(2) Ce participe est invariable, son régime direct est *personnes.*
(*) *Voy.* les verbes en *ger*, page 18, n°. 8.

PLE : *Quel* que soit cet homme, *quelle* que soit cette femme. *Quel* que puisse être cet homme, *quelle* que puisse être cette femme. »

N°. 4. REGLE. — *Quelque*, d'un seul mot, est article, et signifie à peu près *certain* ou *quelconque*. EXEMPLE : « J'ai vu *quelques* personnes ; j'ai cueilli *quelques* beaux fruits. J'ai rencontré *quelqu*'un ; j'ai consulté *quelques* bons avocats. »

N°. 5. REGLE. —Le mot *quelque* s'emploie aussi comme adverbe d'augmentation pour donner plus de force à l'adjectif qu'il modifie ; alors il peut se tourner par l'un des adverbes *tant*, *tellement*, *si*, et reste invariable. EXEMPLE : « *Quelque* bons que soient ces fruits, n'en mangez pas. *Quelque* beaux que soient ses discours n'y croyez point. »

§. V. *Dictée.*

« J'ai demandé (1) à mon père s'il voulait me permettre d'aller au spectacle avec ma tante, qui *m*'y avait engagé (2) ; il ne *l*'a pas voulu (2). J'aurais bien désiré (1) terminer ma tâche avant midi ; mais, quelques peines que je me sois données (2), je ne *l*'ai pas pu (2). Qu'avais-je demandé (2) à ma bonne ? je ne m'en souviens plus. J'aurais bien voulu (1) qu'on *m*'eût invité (2) à réciter les vers *que* mon frère a composés (2) pour maman ; c'était à ma cousine à me le dire, mais elle ne *l*'a pas osé (2). Qu'ai-je donc fait (2) pour qu'on *m*'ait grondé (2) ? Certes, je ne *l*'avais pas mérité (2). Ma tante est la seule qui *m*'ait excusé et qui *m*'ait jugé innocent. Il m'est venu du monde.

_____

(1) Tous les participes de ce numéro sont invariables, aucun régime direct ne précède.

(2) Tous les participes de ce numéro sont variables, chaque régime direct précède, et est indiqué en italiqués.

Il pleuvait à midi , mais il faisait beau à quatre heures , quand je suis sorti. »

N°. 6. REGLE. —Le pronom indéfini est celui qui ne tient lieu d'aucun substantif précédemment exprimé, ou qui représente tout un membre de phrase.

Premier cas : « *Il* pleut, *il* fait beau, *il* tonne. » Le pronom *il* est indéfini , puisqu'il ne représente aucun substantif précédemment exprimé. Dans cet autre exemple : « *Que* demandez-vous ? » Le pronom *que* est indéfini , puisqu'on ne peut savoir quel est le substantif qu'il représente.

Second cas. EXEMPLE : « Je voulais aller à la campagne, mon père ne *l'*a pas voulu. » Le pronom *le* , représenté par *l'*, est indéfini, parce qu'il représente tout un membre de phrase. C'est comme s'il y avait : « Il n'a pas voulu *le* ou *cela* , » c'est-à-dire : « que j'allasse à la campagne. »

N°. 7. REGLE. —Tout participe-verbe qui a pour régime direct un pronom indéfini formellement exprimé avant lui, reste au masculin singulier. EXEMPLE: *Qu'*ont-elles demandé?— *Qu'*avez- vous désiré? » En voici la raison, c'est que ce pronom n'exprime qu'un objet vague et indéterminé, qui ne peut s'entendre que par *quoi* ? quel *objet* ? quel *être?* Chaque participe-verbe *demandé* et *désiré*, est donc au masculin singulier, à cause de son régime direct *que*, qui le précède.

N°. 8. REGLE. —Tout participe-adjectif qui modifie un pronom indéfini, reste au masculin singulier. EXEMPLE : « *Il* nous est *survenu* vingt personnes. *Il* lui est *arrivé* des marchandises. »— Chaque participe-adjectif *survenu* et *arrivé*, est au masculin singulier, pour s'accorder en genre et en nombre avec *il*, auquel il se rapporte.

§. VI. — *Dictée à traduire.*

« Je suis *monté* au grenier, je suis *descendu* à la cave. Je suis *venu* ici un instant, mais j'en suis *sorti* l'instant d'après ; je suis *accouru* à la voix de ma sœur, je suis *entré* chez elle, j'y suis *resté* une heure, et j'en suis *ressorti* après. Je suis *arrivé* de la campagne où j'étais *allé* prendre l'air ; j'en suis *reparti* ce matin. »

N° 9. RÈGLE. — Plusieurs verbes, soit intransitifs, soit employés intransitivement, n'expriment l'action que dans leurs temps simples, et expriment l'état dans leurs temps composés. En disant, par exemple : « *elle vient* », on exprime l'action de la personne ; mais quand on dit : « *elle est venue* », on n'exprime plus que son état. Dans ce cas le participe est *adjectif*, et prend l'accord. « Être *venu, sorti, parti, arrivé*, etc. » sont des verbes d'état, comme : « être *grand, petit*, etc. »

Quand l'action est transitive, le participe est *verbe*. Ex. « J'ai *monté* des meubles au grenier. Elles se sont *monté* des bonnets. »

AVIS. — J'ai substitué au signe *OI* le signe *AI* dans les verbes et dans les noms où la prononciation l'exige ; comme aussi j'ai conservé le *T* dans le pluriel des mots terminés en *ANT* et en *ENT*. Je préviens les personnes auxquelles il resterait quelque doute, que l'ACADÉMIE a sanctionné ces deux règles le 11 mars 1818. (*Voyez Annales de Grammaire*, page 122, à Paris, chez *Béchet*, libraire, quai des Augustins, n° 57.)

MODE INFINITIF.

Être AIMABLE, *étant* AIMABLE, *avoir* ou *ayant été* AIMABLE.

PARTICIPE, ÉTÉ (*invariable*).

MODE INDICATIF.

TEMPS PRÉSENT.

Je   sui *s aimable.*
Tu   e *s aimable.*
Elle   es *t aimable.*
Nous somme *s aimables.*
Vous . ête *s aimables.*
Elles   son *t aimables.*

TEMPS PASSÉ IMPARFAIT.

J'   étai *s aimable.*
Tu   étai *s aimable.*
Elle   étai *t aimable.*
Nous étion *s aimables.*
Vous étie *z aimables.*
Elles étaien *t aimables.*

TEMPS PASSÉ DÉFINI.

Je   fu *s aimable.*
Tu   fu *s aimable.*
Elle   fu *t aimable.*
Nous fûme *s aimables.*
Vous fûte *s aimables.*
Elles furen *t aimables.*

On conjuguera le verbe ÊTRE avec des adjectifs des deux genres, qui commencent par une voyelle ou une *h* douce, et on fera sentir les finales du verbe sur l'adjectif.

Les garçons mettront *elle* à la troisième personne, conformément au tableau ; les demoiselles mettront *il*.

ADJECTIFS A JOINDRE AU VERBE ÊTRE.

Honnête, affable, agréable, habile, utile, estimable, infaillible, indomptable, inutile, intraitable, insupportable, indocile, insensible, etc.

TABLEAU SYNOPTIQUE,
CONJUGAISON DES VERBES D'ÉTAT.

MODE INFINITIF.

Être, ét ANT, *avoir* ou *ayant été*. PARTIC. *été* (invar.).

MODE INDICATIF.

TEMPS PRÉSENT.			TEMPS PASSÉ ANTÉRIEUR.		
Je	sui	*s*	J'	eu	*s*
Tu	e	*s*	Tu	eu	*s*
Elle	es	*t*	Elle	eu	*t*
Nous	somme	*s*	Nous	eûme	*s*
Vous	ête	*s*	Vous	eûte	*s*
Elles	son	*t*	Elles	euren	*t*

été

TEMPS PASSÉ IMPARFAIT.			TEMPS PLUS-QUE-PASSÉ.		
J'	étai	*s*	J'	avai	*s*
Tu	étai	*s*	Tu	avai	*s*
Elle	étai	*t*	Elle	avai	*t*
Nous	étion	*s*	Nous	avion	*s*
Vous	étie	*z*	Vous	avie	*z*
Elles	étaien	*t*	Elles	avaien	*t*

été

TEMPS PASSÉ DÉFINI.			TEMPS FUTUR.		
Je	fu	*s*	Je	serai	
Tu	fu	*s*	Tu	sera	*s*
Elle	fu	*t*	Elle	sera	
Nous	fûme	*s*	Nous	seron	*s*
Vous	fûte	*s*	Vous	sere	*z*
Elles	furen	*t*	Elles	seron	*t*

TEMPS PASSÉ INDÉFINI.			TEMPS FUTUR ANTÉRIEUR.		
J'	ai		J'	aurai	
Tu	a	*s*	Tu	aura	*s*
Elle	a		Elle	aura	
Nous	avon	*s*	Nous	auron	*s*
Vous	ave	*z*	Vous	aure	*z*
Elles	on	*t*	Elles	auron	*t*

été — été

ADJECTIFS A JOINDRE AU VERBE ÊTRE.

PREMIÈRE SÉRIE : *affable, honnête, aimable, agréable, estimable, habile, incorruptible, incorrigible, incompréhensible, inhabile, infatigable, immobile.* — SECONDE : *inconstant, absent, intelligent, imprudent, obligeant, impotent, important, indulgent, affligeant, attristant, accommodant, inconséquent.* — TROISIÈME : *attentif, actif, inactif, craintif, inventif, plaintif, inattentif, exécutif; bref, brève; sauf, sauve.* — QUATRIÈME : *heureux, se; oiseux, surpris, épris; éconduit, introduit, instruit, inscrit, petit, grand, enrhumé, aperçu, attendri, entrevu, habillé, averti, asservi, affranchi, changeant, encouragé.*

MODE INFINITIF.

(ER) *Être*, ét ᴀɴᴛ, *avoir*
ou *ayant* ét *É.*
PARTICIPE, *ét É* (invariable).

MODE INDICATIF.

TEMPS PRÉSENT.

Je	suis	e
Tu	es	es
Elle	est	e
Nous	sommes	ons
Vous	êtes	ez
Elles	sont	ent

TEMPS PASSÉ IMPARFAIT.

J'	ét	ais
Tu	ét	ais
Elle	ét	ait
Nous	ét	ions
Vous	ét	iez
Elles	ét	aient

TEMPS PASSÉ DÉFINI.

Je	fus	ai
Tu	fus	as
Elle	fut	a
Nous	fûmes	âmes
Vous	fûtes	âtes
Elles	furent	èrent

TEMPS PASSÉ INDÉFINI.

J'ai	
Tu as	
Elle a	ét É
Nous avons	
Vous avez	
Elles ont	

TEMPS PASSÉ ANTÉRIEUR.

J'eus	
Tu eus	
Elle eut	ét É
Nous eûmes	
Vous eûtes	
Elles eurent	

TEMPS

J'avais	
Tu avais	
Elle avait	
Nous avions	
Vous aviez	
Elles avaient	

TEMPS

Je	s	erai
Tu	s	eras
Elle	s	era
Nous	s	erons
Vous	s	erez
Elles	s	eront

TEMPS FUTUR

J'aurai	
Tu auras	
Elle aura	
Nous aurons	
Vous aurez	
Elles auront	

MODE

TEMPS PRÉSENT

Il faut ou *il*

Que je	sois
Que tu	sois
Qu'elle	soit
Que nous	soyons
Que vous	soyez
Qu'elles	soient

TEMPS PASSÉ

Il fallait ou *il*

Que je	fusse
Que tu	fusses
Qu'elle	fût
Que nous	fussions
Que vous	fussiez
Qu'elles	fussent

PLUS-QUE-PASSÉ.

ét *É*

FUTUR.

ANTÉRIEUR.

ét *É*

SUBJONCTIF.

OU FUTUR.

faudra

e
es
e
ions
iez
ent

IMPARFAIT.

faudrait

asse
asses
ât
assions
assiez
assent

TEMPS PASSÉ DÉFINI OU INDÉFINI.

Il fallut ou *il a fallu*

Que j'aye	
Que tu aies	
Qu'elle ait	
Que nous ayons	ét É
Que vous ayez	
Qu'elles aient	

TEMPS PLUS-QUE-PASSÉ.

Il avait ou *il aurait fallu*

Que j'eusse	
Que tu eusses	
Qu'elle eût	
Que nous eussions	ét É
Que vous eussiez	
Qu'elles eussent	

MODE CONDITIONNEL.

TEMPS PRÉSENT OU FUTUR.

Je	s	erais
Tu	s	erais
Elle	s	erait
Nous	s	erions
Vous	s	eriez
Elles	s	eraient

TEMPS PASSÉ.

J'aurais	
Tu aurais	
Elle aurait	
Nous aurions	ét É
Vous auriez	
Elles auraient	

MODE IMPÉRATIF.

	Sois	e
Qu'elle	soit	e
	Soy . . .	ons
	Soy . . .	ez
Qu'elles	soi . . .	ent

MODE INFINITIF.

Être, ét ANT, *avoir* ou *ayant été*.

PARTICIPE, *été* (invariable).

MODE INDICATIF.

TEMPS PRÉSENT.

Je	sui	s.	e.	ds.	x.
Tu	e	s.	es.	ds.	x.
Elle	es	t.	e.	d.	t.
Nous	sommes.		ons.		
Vous	êt	es.	ez.		
Elles	s	ont.	ent.		

TEMPS PASSÉ IMPARFAIT.

J'	ét	ais.
Tu	ét	ais.
Elle	ét	ait.
Nous	ét	ions.
Vous	ét	iez.
Elles	ét	aient.

TEMPS PASSÉ DÉFINI.

Je	f us.	ai.	*ins.*	is.
Tu	f us.	as.	*ins.*	is.
Elle	f ut.	a.	*int.*	it.
Nous	f ûmes.	âmes.	*înmes.*	îmes.
Vous	f ûtes.	âtes.	*întes.*	îtes.
Elles	f urent.	èrent.	*inrent.*	irent.

TEMPS PASSÉ INDÉFINI.

J'ai
Tu as
Elle a
Nous avons   } été.
Vous avez
Elles ont

TEMPS PASSÉ ANTÉRIEUR.

J'eus
Tu eus
Elle eut
Nous eûmes   } été.
Vous eûtes
Elles eurent

TEMP

J'avais
Tu avais
Elle avait
Nous avions
Vous aviez
Elles avaient

TEMPS

Je	se	*rai.*
Tu	se	*ras.*
Elle	se	*ra.*
Nous	se	*rons.*
Vous	se	*rez.*
Elles	se	*ront.*

TEMPS FUTUR

J'aurai
Tu auras
Elle aura
Nous aurons
Vous aurez
Elles auront

MODE

TEMPS PRÉSENT

Il faut ou *il*

Que je   sois.
Que tu   sois.
Qu'elle   soit.
Que nous   soyons.
Que vous   soyez.
Qu'elles   soient.

TEMPS PASSÉ

Il fallait ou *il*

Que je   f usse.
Que tu   f usses.
Qu'elle   f ût.
Que nous   f ussions.
Que vous   f ussiez.
Qu'elles   f ussent.

PLUS-QUE-PASSÉ.

} été.

FUTUR.

ANTÉRIEUR.

} été.

SUBJONCTIF.

OU FUTUR.
faudra
e.
es.
e.
ions.
iez.
ent.

IMPARFAIT.
faudrait

asse.	insse.	isse.
asses.	insses.	isses.
ât.	înt.	ît.
assions.	ssions.	ssions.
assiez.	ssiez.	ssiez.
assent.	ssent.	ssent.

TEMPS PASSÉ DÉFINI OU INDÉFINI.

Il fallut ou *il a fallu*

Que j'aye
Que tu aies
Qu'elle ait
Que nous ayons   } été.
Que vous ayez
Qu'elles aient

TEMPS PLUS-QUE-PASSÉ.

Il avait ou *il aurait fallu*

Que j'eusse
Que tu eusses
Qu'elle eût
Que nous eussions   } été.
Que vous eussiez
Qu'elles eussent

MODE CONDITIONNEL.

TEMPS PRÉSENT OU FUTUR.

Je	se	*rais.*
Tu	se	*rais.*
Elle	se	*rait.*
Nous	se	*rions.*
Vous	se	*riez.*
Elles	se	*raient.*

TEMPS PASSÉ.

J'aurais
Tu aurais
Elle aurait
Nous aurions   } été.
Vous auriez
Elles auraient

MODE IMPÉRATIF.

Soi	s.		e.	ds.
Qu'elle soit . . e.				
Soy	ons.			
Soy	ez.			
Qu'elles soi . ent.				

DES HOMONYMES*.

§. I. — Dictée à traduire.

« Je suis *sain* de corps et d'esprit, j'ai ratifié ma promesse de mon *seing*. Je suis *ceint* de l'écharpe que m'a donnée mon frère. Ma voisine est morte d'un cancer au *sein*. Il n'y a pas *cinq* jours que je suis revenu de Saint-Cloud. »

Nota. — Sain, saine, adject., qui est en santé. — Seing, subst. mascul., signature. — Ceint, ceinte, participe du verbe ceindre. — Sein, s. m., partie du corps humain, poitrine. — Cinq; article de nombre. — Saint, sainte, adjectif, ce qui est sanctifié. Il est aussi substantif: « Un grand saint, une grande sainte. »

§. II. — Dictée à traduire.

« J'ai *peint* un *pin* et j'ai mangé mon *pain*. J'ai *faim* et ne suis pas encore à la *fin* de mon ouvrage, mais j'ai *feint* de l'achever. J'ai vu *cent* choses *sans* y faire attention, je le *sens* bien, on *s'en* rit. Je n'aime pas le *sang*, je ne paie pas de *cens*. Je voyais des *mots* causer bien des *maux* à Paris comme à *Meaux*. Je sais que le *Pô* n'est ni un *pot*, ni une *peau*, ni la ville de *Pau*. Je distingue un *cor* de chasse d'un *corps* d'armée. »

Nota. — Peint, participe de peindre. — Pin, arbre. — Pain, s. m., pâte cuite au four. — Faim, s. fém., besoin de manger. — Fin, s. f., terme d'une chose. — Feint, participe du verbe feindre. — Cent, article de nombre. — Sans, préposition. — Sens, verbe sentir. Les cinq sens. — S'en, d'abord se pour soi, pronom personnel, et en pour de cela, pronom. — Sang, s. m., liqueur rouge qui circule dans les veines. — Cens, s. m., redevance. — Mot, s. m., parole prononcée ou écrite. — Mal, au pluriel maux, s. m., l'opposé du bien. — Meaux, ville de la Brie. — Pô, fleuve d'Italie. — Pot, subst. m., vase de ménage. — Peau, s. f., enveloppe charnue de l'animal. — Pau en Béarn, ville. — Cor, s. m., instrument à vent. — Corps, s. m., tout ce qui est palpable, et par figure, réunion.

§. III. — Dictée à traduire.

« Je me *pare*, je *pars*, qu'on me garde ma *part*, je reviendrai *par Issy*, et je serai bientôt *ici*. Quand je suis *parti*, j'avais pris mon *parti* et payé la *partie*. Je *perds* chez mon *père*, mais je gagne chez un *pair* et me voilà au

* *Mots* qui se prononcent et quelquefois s'écrivent de même, mais qui diffèrent par la signification, comme bois à brûler, bois un coup. Le premier est substantif, le second est verbe (boire).

pair ; mes deux gants font la *paire*. J'ouvris le *nid* , je n'y
vis *ni* œufs ni petits. Qu'on ne croye pas que je *mente* :
j'arrive de *Mantes* ; d'où j'apporte de la *menthe* sous ma
mante. »

Nota. — *Pare* , verbe *parer*. — *Pars*, v. *partir*. — *Part*, subst.
fém. , portion qui revient à chacun. — *Par*, préposition. — *Issy* ,
village près Paris. — *Ici*, adverbe démonstratif. — *Parti*, participe
du verbe *partir*. — *Parti* , s. m. , décision. — *Partie* , sub. fém. —
Perds, verbe *perdre*. — *Père* , sub. mas. , premier degré de parenté.
— *Pair* , nom de dignité , celui qui est honoré de la pairie. — *Pair*,
adjectif , égal ; pris substantivement , égalité , parité. — *Paire*, sub.
fém. , deux choses appareillées. — *Nid* , sub. masc. , l'endroit où
l'oiseau dépose sa couvée. — *N'y* pour *ne y* ; le premier mot est adverbe de doute , le second est pronom. — *Ni* , adverbe de négation.
— *Mente* , verbe *mentir*. — *Mantes* , ville de France (Seine-et-
Oise). — *Menthe* , sub. fém. , herbe odoriférente dont on fait de la
liqueur. — *Mante* , sub. fém. , espèce de manteau.

§. IV. — Dictée à traduire.

« L'odeur du *thym* que je *tins* fit pâlir mon *teint*. Ma
glace est au *tain*. Je *teins* mon satin. En mangeant du
thon , je me donne du *ton*. Je *tonds* mes moutons et je
chasse un *taon*. Je *tends* le bras *tant* qu'il m'est possible
pour avoir du *tan*, et je perds mon *temps*. Je *vins* le *vingt*,
mais en *vain* , pour goûter les *vins*. Je porte mon *verre*
vers mon frère , qui est en habit *vert* , et qui fait des *vers*.
J'écrase un *ver*. Je crains le *vent*. Je ne *vends* pas de *vans*.
M. le *comte* me *conte* un *conte* sur le *compte* d'un homme
soûl qui est *sous* la porte. »

Nota. — *Thym* , s. m. , petit arbuste odoriférent. — *Tins*, verbe
tenir. — *Teint* , s. m. , coloris du visage. — *Tain* , s. m. , étain
d'une glace , d'un miroir. — *Teins*, verbe *teindre*. — *Thon* , s. m. ,
poisson de mer. — *Ton* , s. m. , vigueur. (Il est homonyme de *ton*
de voix et de l'article possessif, *ton* ami.) — *Tonds*, verbe *tondre*. —
Taon , s. m. , grosse mouche qui pique. — *Tends* , verbe *tendre*. —
Tant, adv. d'augmentation. — *Tan* , s. m. , écorce de chêne pilée ,
pour l'apprêt des cuirs , etc. — *Temps* , s. m. , la durée. — *Vins* ,
verbe *venir*. — *Vingt* , article numéral. — *Vain*, adjectif, au fém.
vaine, inutile. *En vain* , inutilement, pour rien. — *Vin* , s. m. ,
liqueur de raisin fermenté. — *Verre*, substance transparente, gobelet
qui en est fait. — *Vers*, préposition. — *Vert* , *verte*, adjectif. —
Vers , s. m. , paroles mesurées , cadencées ; poésie. — *Ver* , s. m. ,
insecte rampant. — *Vent* , s. m. , air agité. — *Vends*, verbe *vendre*.
— *Van* , s. m. , claie d'osier pour vanner les grains. — *Comte*, nom
de dignité; celui qui a un *comté*. — *Conte* , verbe *conter* , réciter ,
rapporter. — *Conte* , s. m. , historiette. — *Compte* , s. m. , calcul ,
relevé d'articles qui concernent quelqu'un : « Voilà votre *compte*,
ce qui vous revient ». — *Soûl* , *soûle* , adjectif, rassasié , ivre. —
Sous, préposition.

§. V. — Dictée à traduire.

« Je *plains* les gens serrées dans un lieu trop *plein* : j'aime à circuler de *plain*-pied. En demandant mon *coût*, j'ai reçu un *coup* sur le *cou*. Je mange un *coing* dans un *coin*. Je *crains* le *crincrin* de cet archet de *crin*. »

Nota. — Plains, verbe *plaindre*. — Plein, pleine, adjectif, rempli. — Plain, plaine, adjectif, plat, uni. — Coût, s. m., ce que coûte une chose. Le *coût* d'un acte, son prix, sa taxe légale. — Coup, s. m., choc reçu ou donné. Un *coup* de bâton. — Cou, s. m., partie du corps qui joint la tête aux épaules. — Coing, s. m., fruit du coignassier. — Coin, s. m., encognure — Crains, verbe *craindre*. — Crincrin, s. m., son aigre et traînant, mauvais violon. — Crin, s. m., poil de certains animaux. Du *crin* de cheval.

§. VI. — Dictée à traduire.

« Je tiens ma d*ent dans* ma poche, elle ne me sera plus à *dam*. Je viens *d'en* rire avec ma *tante*, qui prend le frais sous ma *tente* et qui restait dans l'*attente* de me revoir. *Quand* je dis *qu'en* traversant *Caen*, j'ai vu le *camp*, je plaisante; *quant* à ma sœur, elle a vu Gengis-*Kan*, où l'on faisait du *quanquan*. Je ne suis ni Turc ni *Maure*, je ne crains point la *mort*. Mon cheval *mord* son *mors*. Je disais une *fois*, en revenant de *Foix*, que j'aimais le *foie*, on me montra le *fouet*; ma *foi* je me tus, car je n'avais pas *d'avantage* à parler *davantage*. »

Nota. — Dent, s. f., partie osseuse de la bouche. — Dans, préposition. — Dam, s. m., dommage (vieux mot), travailler à son *dam*, à sa perte. — D'en, préposition *de* et pronom *en*. Je viens *de* rire, en pour *de cela*. — Tante, s. m., parente, sœur du père ou de la mère. — Tente, s. f., grande toile tendue, pour se mettre à l'abri du soleil ou de la pluie. — Attente, s. f., espoir. — Quand, adv. de temps. Qu'en, conjonction *que* et préposition *en*. — Caen, ville de Normandie. — Camp, s. m., grande plaine où l'armée campe, réside. — Quant à, adverbe et préposition, *pour ce qui regarde*. — Kan, nom de dignité, chef ou roi chez les Tartares. — Quanquan, s. m., vains bruits, caquets pour rien. — Maure ou More, s. m., habitant de la Barbarie. — Mort, s. f., fin de l'existence. — Mord, verbe *mordre*. — Mors, s. m., baillon. — Fois, s. f., circonstance, cas, nombre; j'ai vu cette pièce deux *fois*. — Foix, s. m., pays du midi de la France. — Foie, s. m., partie interne du corps de l'animal. Un *foie* de veau, des *foies* d'oies. — Fouet, s. m., verge emmanchée, pour conduire les chevaux. — Foi, s. m., croyance, fidélité, conscience: « Je le jure sur ma *foi*. » — D'avantage, préposition *de* et substantif *avantage*, ce qui peut résulter en bien de ce qu'on dit ou de ce qu'on fait. « Je n'ai point *d'avantage* (de gain) à traiter ainsi. » — Davantage, adv. d'augmentation. « Je n'en ai pas assez, donnez-m'en *davantage*. » C'est-à-dire, donnez-m'en encore plus.

TROISIEME PARTIE.

§. I. — Notions Grammaticales.

1°. La Grammaire est la science du langage : il faut l'étudier pour acquérir l'art de parler et d'écrire correctement. — 2°. Une langue est le moyen de communiquer aux autres ce qu'on pense, soit en se parlant, quand on est en présence, soit en s'écrivant, quand on est hors de la portée de la voix. — 3°. De là deux langues, ou deux moyens de communication : la langue parlée et la langue écrite. — 4°. La langue parlée se compose de sons, que l'on divise en deux classes : les sons simples, appelés inarticulés (1), comme *o*, *ou*, *eu*, et tous ceux qu'on peut prolonger indéfiniment sur la même ouverture de bouche sans les altérer ; les sons articulés, c'est-à-dire ceux qui nécessitent le travail de la langue ou des lèvres en les prononçant. Par exemple, *pa* est un son articulé, *ap* en est un autre ; *cap* est un son doublement articulé ; la première syllabe de *Strabon* est triplement articulée ; la seconde ne nécessite qu'une seule articulation, dont la lettre *b* est le signe, car la lettre *n* finale n'est qu'un signe de modification de son pour rendre l'*o* nazal. — 5°. La langue écrite se compose de lettres dont la collection s'appèle alphabet. Les lettres se divisent en voyelles (*a, e, i, o, u, y*) et en consonnes (*b, c, d, f, g*, etc.). On appèle les premières *voyelles*, parce qu'elles sont des signes de voix, et les secondes *consonnes*, pour exprimer par là qu'elles n'ont de valeur qu'avec les voyelles. — 6°. Dans la langue écrite, on entend par voyelles composées, la réunion de plusieurs lettres qui ne peignent que des sons simples, comme par exemple : « *au, aux, eau, eaux, haut, ho !* » — 7°. Les voyelles peuvent être longues, comme dans : « *pâte, tête, gîte, côte, flûte* », ou brèves, comme dans :

___

(1) Il y a toujours articulation quand on parle, car *i* demande un autre mouvement d'organe que pour prononcer *o*, mais cette articulation est interne, et la langue reste dans la position qu'elle prend, ce qui fait qu'on peut prolonger le son sans l'altérer.

« *patte, nette, orbite, botte, butte* ». Avec une double consonne, la voyelle est toujours brève.

§. II. — Remarque sur la Voyelle E.

1°. L'*E* est muet comme dans : « *chevelure*, *le monde*,
il chante, *elles chantent* » ; 2°. fermé ou aigu, comme
dans : « *vérité*, *propriété*, *céder*, *marcher*, *partez*, *sortez*,
chez, *et* » ; — 3°. demi-ouvert ou grave, comme dans :
« *enfer*, *mer*, *Lucifer*, *colère*, *vipère*, *sème*, *colet*, *bonnet*,
trompette, *sonnette* » ; — 4°. grand-ouvert, comme dans :
« *accès*, *procès*, *apprêt*, *après*, *fête*, *conquête* » ; —
5°. nazal en *in*, comme dans : « *bien*, *chien*, *lien*, *moyen*,
païen » ; — 6°. nazal en *an*, comme dans : « *patient*,
quotient, *dent*, *accident*, *serment*, *ingrédient* ». *Nota*. On
voit que le *t* est signe de prononciation, et qu'il ne faut
pas le supprimer au pluriel (1). Il est en outre signe d'a-
nalogie : « *dent*, *denture*, *dentelé*, *dentelle*, etc. »

§. III. — Remarques sur les Consonnes C, G, L, S, T.

1°. Le *C* est dur devant *a*, *o*, *u*. Ex. « *cap*, *côte*, *cu-
rieux* ». Pour l'adoucir devant ces voyelles, on l'affecte
de la cédille : « *forçat*, *poinçon*, *reçu* ». Il est doux devant *e*, *i*. Ex. « *ceci*, *cela*, *rince*, *merci* ». — 2°. Le *G* est
dur devant *a*, *o*, *u*. Ex. « *gâteau*, *gobelet*, *Guliver* ». Pour
l'adoucir, on y ajoute un *e* muet. Ex. « *orgeat*, *bourgeon*,
gageure ». Il est doux devant *e*, *i*. Ex. « *gelée*, *giboulée* ». Il
est mouillé devant une *n* suivie d'une voyelle. Ex. « *Au-
vergnat*, *Agnelet*, *compagnie*, *mignon*, *rognures*. » —
3°. La lettre *L* est sèche dans : « *la*, *le*, *lis*, *lot*, *luth* » ; elle
est mouillée dans : « *bail*, *soleil*, *béquille*, *citrouille*, etc. »
Dans ce cas, elle est toujours précédée d'un *i*. — 4°. La
consonne *S* est dure devant toutes les voyelles, quand elle
est initiale : « *sac*, *sec*, *sirop*, *solide*, *sucre* » ; mais quand
elle est médiale, elle est douce entre deux voyelles : « *case*,
dièse, *Lise*, *rose*, *ruse* (2) » ; soutenue d'une consonne,

(1) L'académie française a pris une décision pour rétablir le *t* dans
le pluriel des mots en *ant* et en *ent*. A quoi servait cette suppression ?
à faire commettre des erreurs. Il aurait autant valu supprimer le *d*
dans *grand* et le *p* dans *corps*.

(2) Excepté dans *préséance*, *présupposer*, *monosyllabes*, *poly-
syllabes* et leurs analogues, où elle conserve sa dureté.

ou doublée sur elle-même, elle reprend sa dureté : « *casse,* *lisse, rosse, Russe, danse, absent, constant* ». — 5°. Le *T* est dur devant toutes les voyelles : « *taffetas, tenailles,* *tisanes, tôt, tuteur* » ; il est doux dans : « *partial, partiel,* *action, portion* », et généralement devant les finales des noms en *ion*. Dans les verbes, il faut consulter le radical. *Impatienter* porte deux *t*, le premier est doux, le second est dur ; on les retrouve de même dans : « nous impa-*tien*tions. Le verbe *initier* porte un *t* doux ; on le pro-nonce tel dans tout le cours de la conjugaison : « nous ini-*tions*, vous ini*tiez* », et de même à l'imparfait : « nous ini*tiions*, vous initi*iez* ». Dans le verbe *porter*, il est dur, et par conséquent se conserve dur dans tout le cours de la conjugaison. Aussi dit-on : « nous leur por*tions* leurs por-*tions* ». Dans les noms, il est dur, quand il est précédé d'une *s* ou d'un *x*. Ex. « ques*tion*, mix*tion*, diges*tion* ».

§. IV. — Des Syllabes.

La syllabe est une émission de voix. Un mot qui ne nécessite qu'une émission de voix s'appèle *monosyllabe*. Ex. « *Paul va chez vous* ». Tout mot qui nécessite plu-sieurs émissions de voix s'appèle *polysyllabe*, comme : « *ver-tu, pen-ser, re-ve-nir, ac-cou-rir, en-ten-de-ment,* *si-mul-ta-né-ment, ac-ci-den-tel-le-ment* ».

§. V. — Des Diphthongues.

La diphthongue est une syllabe composée de deux sons que l'euphonie ne permet pas de séparer, comme : « *vois* (1), *bois, crois, lieu, mieux, bien, rien, ciel, nuit.* »

§. VI. — De l'Accentuation.

On entend par accentuation la collection des accents et autres signes employés dans les mots écrits. — I. L'accent aigu (´) ne se met que sur l'*é* fermé (*v. p.* 58). — II. L'ac-cent grave (`) se met : 1°. sur l'*è* demi-ouvert (*v. p.* 58); 2°. sur *à* préposition (*v. p.* 42, N° 1); 3°. sur *là* adverbe de démonstration : « reste-*là* », pour ne pas le confondre avec l'article : « *la* porte, *la* fenêtre », ou avec le pronom : « fermez-*la* ouvrez-*la* » ; 4°. sur le mot *où*; pronom (*v.*

(1) Il est évident que dans *vois* il y a deux sons, *vo-é* ; il en est de même de *lieu*, qui comprend *li-eu* ; mais ils se prononcent si rapi-dement qu'ils ne comptent que pour une syllabe.

p. 35, Nº 3). — III. L'accent circonflexe (ˆ) sur les voyelles longues (*v. p.* 57, Nº 7). — IV. L'apostrophe (') indique l'élision (retranchement) de l'*e* ou de l'*a* final d'un mot devant la voyelle initiale ou l'*h* douce du mot suivant, comme : « *l'*homme, *l'*armoire, pour *le* homme, *la* armoire ». On forme beaucoup d'élisions en parlant, mais on ne les indique pas en écrivant. On n'élide que les monosyllabes suivants : « *je, me, te, se, ce, de, ne, que,* et la conjonction *si,* devant le seul mot *il* : « *s'il* vous plaît, pour *si il* vous plaît ». Les bissyllabes (1) *lorsque, quoique,* ne s'élident que devant *il, elle, ils, elles, on ; jusque* ne s'élide que devant *à, au, aux, ici, alors.* Dans le style soutenu, on écrit *jusques,* et alors plus d'élision : « *Jusques* à quand, Catilina, abuserez-vous de notre patience ? » L'élision orale est une règle d'euphonie (2) pour éviter la rencontre de deux voyelles qui se heurtent, ce qui s'appèle *hiatus,* comme dans cette phrase : « *Il va à Orléans* ». — V. Le tréma (¨) se place sur une voyelle qu'on veut isoler d'une autre avec laquelle elle ferait syllabe : « *Isaïe, aiguë, Saül, haïr.* » — VI. La cédille (¸) ne se place que sous le *ç* (*v. p.* 58, Nº 1). — VII. Le trait d'union (-) s'emploie : 1º. à la fin d'une ligne dont le dernier mot n'est pas entier, pour indiquer que la fin de ce mot est reportée au commencement de la ligne suivante. Dans ce cas, on coupe le mot en deux syllabes, et jamais une syllabe en deux ; 2º. on le place entre le verbe et le pronom personnel, quand le sujet est transposé : « *irai-je ? viendras-tu ? sortira-t-elle* (3) ? » 3º. à la première et à la seconde personne de l'impératif, entre le verbe et le régime direct ou indirect, quand ce régime est exprimé par l'un des pronoms monosyllabes *le, la, les, y, lui, leur, en.* Ex. « prenons-*le,* rendons-*la,* mangeons-*en,* goûtez-*y,* garde-*les,* rends-*les-lui,* reportez-*les-leur* ». Quand le verbe n'a point d'*s* à la seconde personne du singulier, on en met une eu-

---

(1) Signifie mot de deux syllabes ; *trisyllabe* veut dire composé de trois syllabes.

(2) *Euphonie* veut dire son doux, agréable. Ce qui est euphonique plaît à l'oreille.

(3) Ici le *t* est euphonique ; il se met à la troisième personne quand le verbe n'en porte pas ; mais on place ce *t* entre deux traits d'union. Ex. « mange-*t*-il ? danse-*t*-elle ? »

phonique. Ex. « goûte-s-*en*, va-s-*y*, garde-s-*en* »; 4°. entre deux mots qui n'expriment qu'une seule idée, comme : « *garde-magasin*, *cerf-volant*, *entre-sol*, *chevau-léger*, *arc-en-ciel*, etc. »

§. VII. — De l'H aspirée.

L'on écrit *le héros*, et l'on prononce en trois syllabes *le-hé-ros* »; l'on écrit au pluriel : « *les héros* » et l'on prononce comme s'il y avait : « *lé-é-ros* ». C'est à ce double signe qu'on reconnaît l'*h* aspirée : elle ne souffre point d'élision, et elle empêche l'articulation de la consonne finale du mot qui la précède sur la voyelle qui la suit. Ainsi, écrivez : « *le héros*, *le hameau*, *le hanneton*, *le haquet*, *le hasard*, *le hibou*, *la haquenée*, *la halle*, *la hauteur*, *la harengère*, etc., etc. (1) » Voici quelques verbes : « *hacher*, *huper*, *hâter*, *hausser*, *huer*, *hocher*, *honnir*, *haïr* (2). »

§. VIII. — Du Discours et de ses Parties.

Le mot *discours* signifie à la lettre *course çà et là* (3). Ceci ne doit s'entendre que de l'esprit qui se porte alternativement d'un objet à un autre, en traitant un sujet quelconque. Si je dis, par exemple : « *Ce cheval est beau et bon*, *il me conviendrait ;-mais il est ombrageux*, *je ne l'achèterai pas* », je forme un discours. Mon esprit se porte d'abord sur la beauté, ensuite sur la bonté du cheval ; de là je passe à l'idée de convenance, ensuite sur son défaut, enfin je m'arrête à la non acquisition. Mon discours serait plus long, si je m'étendais davantage sur le sujet *cheval*, soit seul, soit avec un interlocuteur qui m'en parlerait. Mais quelque long que puisse être un discours, il ne peut se composer que de dix sortes de parties, qu'on appèle mots.

§. IX. — Des Mots en général.

Les mots sont des signes d'idées. On entend par idées

---

(1) Le dictionnaire marque d'une astérique (*) les *h* aspirées.

(2) Je *hais*, tu *hais*, elle *hait*, se prononcent je *hé*, etc., sans tréma. On le met au pluriel, « nous *haïssons* », et dans tout le cours de la conjugaison.

(3) D'où vient le verbe *discourir*, c'est-à dire courir d'une idée à une autre.

les impressions que reçoit et conserve notre âme, qui, étant sensible, peut être agréablement ou désagréablement affectée. L'enfant le plus jeune, sur la langue duquel on met du sucre, en conserve *l'idée*. Si, plus tard, on le trompe en y mettant du sel, il recevra une impression bien différente, dont il se formera une tout autre idée. Si ces deux idées sont bien acquises, on ne l'y trompera plus (1).

§. X. — Du Nom.

Le nom exprime l'idée d'un être quelconque, réel ou idéal. — Il est commun quand il appartient à tout un genre, comme *chien*, ou à toute une espèce, comme *caniche*. — Il est nom propre ou individuel quand il ne convient qu'à un individu, comme *Lubin, Diane*. — Il est collectif quand il exprime une collection de plusieurs êtres, comme *assemblée, troupeau, forêt, botte, tas, amas*. — Il est partitif quand il n'exprime qu'une partie d'un tout, comme *partie, morceau, fragment, portion*. — Il est abstrait quand il exprime l'idée d'un être immatériel, qui ne peut tomber sous les sens, mais dont nous nous rendons compte par la raison, comme *esprit, âme, vertu, beauté, grandeur*.

On donne au nom la dénomination de *substantif*, pour exprimer par là qu'il est le soutien, le support des mots variables qui viennent tous s'appuyer sur lui. Pour rendre cela sensible, écrivons sur le tableau noir cette phrase : « *ce joli petit* PERROQUET *vert, chante, siffle et parle* ». Si nous effaçons ensuite le substantif *perroquet*, pour y substituer le substantif *perruches*, nous verrons bientôt que tous les autres mots vont changer. En effet, nous aurons : « *ces jolies petites* PERRUCHES *vertes, chantent, sifflent et parlent* ».

Si nous observons, dans la première phrase, que les mots : *ce, joli, petit, vert*, sont au masculin singulier,

---

(1) Nous avons cinq organes propres à recevoir les impressions du dehors ; quand ils sont en exercice, ils prennent le nom de *sens* ; ce sont la *vue*, l'*ouie*, l'*odorat*, le *goût* et le *tact*. Ils aboutissent tous au cerveau, qui affecte l'âme, et les résultats de ces affections s'appellent sensations. Mais quand l'âme réagit sur nos organes, par suite de sensations antérieurement éprouvées, cela s'appèle *sentiment*.

comme se rapportant au substantif *perroquet*, tandis que, dans la seconde, ils sont au féminin pluriel, parce qu'ils se rapportent à *perruches*, nous en tirerons la juste conséquence que c'est le substantif qui les fait varier. De là cette règle :

N° 1. RÈGLE. — « Tout adjectif s'accorde avec son substantif en genre et en nombre. »

Observons ensuite que, dans la première phrase, les verbes *chanter*, *siffler* et *parler* sont à la troisième personne du singulier, à cause du sujet *perroquet*, tandis que, dans la seconde, ils sont à la troisième du pluriel (*chantent*, *sifflent* et *parlent*), par rapport au sujet *perruches*. De là cette règle :

N° 2. RÈGLE. — « Tout verbe s'accorde avec son sujet en nombre et en personne. »

§. XI. — De l'Article.

L'article est un petit mot qui se place devant le nom commun, pour déterminer plus ou moins précisément l'être qui nous occupe. — *Un* pour le masculin, *une* pour le féminin, ne déterminent que sous le rapport du nombre, ainsi que *deux*, *trois*, *quatre*, etc., qui sont invariables, et qu'on appèle nombres cardinaux. — *Le*, *la*, *les*, déterminent l'être déjà connu, ou qu'on va faire connaître (1). — *Ce*, *cet*, *cette*, *ces*, s'emploient pour démontrer, aussi les appèle-t-on articles démonstratifs (*v. p.* 43, R. 2). — *Mon*, *ma*, *mes*; *ton*, *ta*, *tes*; *son*, *sa*, *ses*; *notre*, *votre*, *leur*; *nos*, *vos*, *leurs*, s'appèlent articles possessifs, parce qu'ils déterminent l'être sous le rapport de la possession (*v. p.* 34, R. 2). — *Chaque*, toujours au singulier, est un article distributif; il s'entend de tout individu pris dans une masse où chacun est considéré isolément. — *Quelque*, *quelques*, signifient un ou plusieurs pris dans un plus grand nombre (*voy. pag.* 45, N°s 4 et 5). — Il y a des articles dits prépositifs; ce sont *le*, *la*, *les*, combinés

(1) Quand on dit: « *donnez-moi la plume* » cela ne peut s'entendre que de la plume dont il a déjà été question. Dans le cas contraire, il faut la déterminer immédiatement, autrement, on demanderait *laquelle?*

avec l'une des prépositions *de* et *à* , comme *du* pour *de le* , et *au* pour *à le* , devant un nom masculin dont l'initiale (1) est une consonne ou une *h* aspirée. Ex. « la clef *du* clocher , la porte *du* hameau ; il monte *au* clocher , il demeure *au* hameau ». Enfin, devant les voyelles , on met *à l'*, *de l'*. Ex. « la clef *de l'*appartement , il monte *à l'*appartement ». *AUX* s'emploie pour le pluriel des deux genres : « Il s'adresse *aux* hommes comme *aux* femmes ».

§. XII. — De l'Adjectif.

L'adjectif exprime une manière d'être , comme *grand*, *petit*, *chaud*, *froid* ; il est variable et prend le même genre et le même nombre que le substantif auquel il se rapporte : « la *grande* maison, le *grand* parc ; les *grandes* maisons , les *grands* parcs ». — Quand il exprime une manière d'agir, autrement l'action, il est *invariable*. Ex. « voici des biches *courant* dans les bois ; voici des dames *lisant, chantant, parlant, allant, venant* » Dans ce sens, il est modificatif d'action , et peut se tourner par le verbe : *qui courent*, *qui lisent*, etc. On le rencontre dans l'infinif des verbes des quatre conjugaisons (*v. p.* 27, R. 4).

Plusieurs grammairiens donnent le nom d'adjectifs verbaux à quelques modificatifs en *ant*, employés pour exprimer l'état, comme dans : « une eau *courante*, une femme *charmante* ». Ce même mot, employé ici pour exprimer la qualification, va devenir invariable si nous l'employons à exprimer l'action : « Une femme *courant* après son fils ; une femme *charmant* la société par son esprit (2) ».

Il faut faire deux classes d'adjectifs, les uns variables , qui expriment l'état du sujet ; les autres invariables , qui expriment l'action. On les désigne en grammaire sous le

---

(1) L'*initiale* est la lettre qui commence le mot ; la *finale*, celle qui le termine. La *médiale* s'entend de celle qui est , sinon au milieu, au moins dans le cours du mot. Dans le mot pluriel spaSmes , l's du milieu est dite *médiale*, par opposition à l'*initiale* qui commence le mot; et à la *finale* qui le termine.

(2) Je me borne ici aux simples indications que doit contenir une Grammaire élémentaire. Voyez *la Clef des Participes*, 1 v. in 12 , chez les mêmes libraires.

titre générique d'*attribut*. Ainsi, dans : « Julie était charmante » l'adjectif *charmante* est l'attribut d'état du sujet *Julie*. Dans : « Julie charmait la société » le radical *charm* (pour *charmant*) est l'attribut d'action de *Julie ;* car cela veut dire : « Julie était *charmant* la société. »

§. XIII. — Du Pronom.

Le pronom sert : 1°. à remplacer un nom précédemment exprimé. Dans ce cas, il est toujours relatif au nom dont il tient la place. Ex. « voici votre sœur *qui* vient » ; *qui*, remplace *sœur*. — *Je* et *tu*, pour les deux premières personnes du singulier ; *nous* et *vous*, pour le pluriel, prènent le nom de pronoms personnels, ainsi que *il, ils, elle, elles*, pour la troisième personne. — *En, dont, où, y*, sont aussi des pronoms. Ex. « voici des fruits, *en* voulez-vous ? » *En*, est mis là pour *desquels fruits.* « Voici la personne *dont* je vous ai parlé. » *Dont*, pour *de laquelle personne.* « Mon frère reste à Paris, *où* il a sa maison de commerce. » *Où*, pour *dans lequel Paris* (1). « Elle connaît bien Orléans, elle *y* a demeuré. » *Y*, pour *dans lequel Orléans.* — 2°. Tout pronom qui ne tient pas lieu d'un substantif précédemment exprimé, est indéfini. Ex. « *il* pleut, *il* tonne, *on* frappe, *quelqu'un* parle ; *que* demandez-vous ? *qui* chante ? *plaît-il ? cela* est beau, *c'est* bien (*v. p.* 46 , N° 6). On appèle aussi le pronom *substantif représentatif.*

§. XIV. — Du Verbe.

Le verbe proprement dit est un mot qui affirme la coexistence (2) du sujet et de l'attribut, avec désignation de temps, de nombres, de personnes et de modes. Le verbe, considéré ainsi en lui-même, abstraction faite du sujet et de l'attribut, est appelé verbe *simple*. Nous n'en avons qu'un, c'est le verbe *être.* C'est lui que nous voyons figurer dans les finales de tous les verbes des quatre conjugaisons.

_____

(1) Voyez le mot OU avec ou sans accent, page 35 , N° 3.

(2) *Coexister* signifie *exister avec.* Du vin d'un côté, de l'eau d'un autre, voilà deux existences distinctes. Mêlez-les, voici la *coexistence :* les deux liquides sont identifiés et n'en forment plus qu'un.

TEMPS DU VERBE. — Le temps, autrement la durée de l'état ou de l'action du sujet, se coupe en trois principales parties. Le présent, *je courS*, c'est-à-dire *je suis courant*; le passé, *je courUS*, c'est-à-dire *je fus courant*; le futur, *je courRAI*, c'est-à-dire *je serai courant*. Le sujet est *je*, l'attribut est *cour*, pour *courant*; il n'y a donc que *suiS*, *fUS* et *seRAI*, qui soit réellement verbe, puisque lui seul exprime le temps.

— DES PERSONNES. — En grammaire, ce mot veut dire personnage, acteur, qui joue un rôle dans l'acte de la parole, Ex. « *Me* voilà, *je* suis content de *moi* », première personne qui parle d'elle-même. — « *Te* voilà, *tu* es content de *toi* », seconde personne à laquelle on parle. — La troisième personne est l'être, absent ou présent, dont on parle à quelqu'un, comme quand on dit : « *Paul* vient, *il se* hâte, je *le* vois ; *Julie* vient, *elle se* dépêche, je *la* vois ». Le troisième personnage n'a pas besoin de parler pour qu'on parle de lui. Ex. « ce *chien* mord, *il* est méchant; cette *maison* tombe, *elle se* dégrade ».

DES MODES. — Le sentiment de celui qui parle détermine seul le mode qu'il doit employer : — 1°. L'infinitif comprend le nom d'action, comme *peindre*; l'adjectif d'action, *peignant*, et le résultat d'action, *peint*. Ces trois inflexions forment les radicaux ou racines du verbe (1). — 2°. On se sert de l'indicatif quand on est sûr de ce qu'on dit : « votre frère *peint*, votre sœur *sort* ». — 3°. On se sert du subjonctif après un premier verbe qui exprime un doute : « Je doute qu'*il peigne*, j'appréhende qu'*elle ne sorte* ». — 4°. On se sert du conditionnel quand l'action est dépendante d'une condition : « Il *peindrait*, si vous le vouliez ; elle *sortirait*, si le temps était beau ». — 5°. On se sert de l'impératif pour commander, inviter, ou prier : « *peins* cette fleur ; *sortez*, il fait beau ».

_____

(1) On a déjà vu, en pratiquant, que *peindre* forme *peindrai*, *peindrais*; que *peignant* forme *peignons*, *peignais*, *peignis*, *peigne*, *peignisse*, et enfin qu'avec le participe *peint* on forme tous les temps composés. Il faut donc commencer la conjugaison d'un verbe par l'infinitif qui en est la racine. Reporter ce mode à la fin, c'est planter l'arbre par la tête.

§. XV. — Du Participe (1).

C'est une inflexion verbale, tirée de l'infinitif, et qui sert à exprimer l'état ou l'action (*voy. pag.* 31, N°. 6).

§. XVI. — De l'Adverbe (2).

L'adverbe sert à modifier l'attribut du sujet. Ex. « cette peinture est *bien* jolie ; ce cheval court *bien* ». *Bien* modifie l'attribut d'état *jolie*, dans le premier exemple, et l'attribut d'action *courant* dans le second. — Un adverbe peut modifier un autre adverbe. Ex. « cette robe est *très-bien* faite ; cette personne chante *très-bien* ». Le premier adverbe modifie le second : *très-bien* modifie *faite*, dans le premier exemple, et *chantant* dans le second. Cela veut dire : « cette personne est *chantant* très-bien ».

Un adjectif employé adverbialement reste invariable. Ex. « cette soupe sent *bon* ; cette pièce sonne *faux* ; ces enfants disent *vrai* ; ces personnes chantent *juste* ; ces denrées coûtent *cher* ». — Les adverbes en *ment* se forment sur les adjectifs, de la manière suivante.

N° 1. RÈGLE. — A l'adjectif de tous genres on ajoute la finale *ment*, et l'adverbe est formé. « Tendre*ment*, habile*ment*, faible*ment*, tranquille*ment*. » Hors ce cas, on le forme sur le féminin : « heureuse*ment*, positive*ment*, bonne*ment*, fraîche*ment* ». Mais quand l'*e* muet du féminin n'est pas soutenu d'une consonne, on forme l'adverbe sur le masculin : « joli*ment*, vrai*ment*, cru*ment*, ingénu*ment* ».

§. XVII. — De la Préposition.

La préposition exprime un rapport d'idée à idée : « il vient *à* nous ; il arrive *de* Paris ; l'oiseau est *sur* l'arbre ; elle dîne *en* ville ; il passe *par* ici ». Des deux mots mis en rapport, le premier est l'antécédent et le second le

---

(1) Les exemples donnés sont bien suffisants pour une Grammaire élémentaire. Ceux qui voudront aller plus avant pourront consulter *la Clef des Participes.*

(2) Les quatre parties suivantes sont invariables.

conséquent. Ainsi, la préposition *à* met en rapport *venir* avec *nous ;* de même que *de* met en rapport *arriver* avec *Paris ; sur* met en rapport *être* avec *arbre ; en* met en rapport *dîner* avec *ville ,* et *par* met en rapport *passer* avec *ici.* Il ne faut qu'un mot après la préposition pour déterminer le sens de la phrase.

§. XVIII. — De la Conjonction.

La conjonction exprime un rapport de pensée à pensée, et se place entre deux membres de phrases : « cette maison est belle , *mais* elle est humide ». On voit que la conjonction *mais* demande après elle un second membre de phrase. *Que* est conjonction quand il ne peut se tourner par *lequel, laquelle.* Ex. « je ne suis pas certain *que* votre frère viène nous voir ». (*Voy. OU* conjonction, *pag.* 35 , N° 3.) Tout mot qui exige après lui un membre de phrase pour complément est conjonction , comme *parce que, d'ailleurs, donc, lorsque, néanmoins, si, pourtant, or,* etc., etc. — Il y a des conjonctions complexes, comme *dès que, tandis que,* etc. Celles qui , par leur nature, expriment un doute , demandent après elles le verbe au subjonctif, comme *quoique, soit que, pourvu que, supposé que,* et autres que l'usage indiquera.

§. XIX. — De l'Interjection.

L'interjection est moins l'expression réfléchie d'une idée que la manifestation d'un mouvement subit de l'âme. Un cri de douleur ou d'effroi, comme *aïe !* un éclat de rire, *ha ! ha ! ha !* s'expriment par des interjections. La lettre *h* précède pour exprimer un sentiment très-vif : « *ha ! hé ! ho !* » Dans l'expression d'un sentiment moins vif , on transpose l'*h* : « *ah ! eh ! oh !* » Pour l'invocation , le sentiment étant plus réfléchi , on met seulement un *o.* Ex. « *ô Dieu ! secourez-nous !* » — *Hélas !* plainte. — *Fi !* mépris. — *Pouha !* dégoût. — *Hóla !* cessation. — *Chut !* silence.

TABLE
DES QUESTIONS.

6*

NOTA. — Cette troisième partie contient toute la théorie et traite des lettres, des syllabes, des diphthongues, de l'accentuation, *des* mots, du discours et de ses parties. Les élèves l'écriront sous la dictée, et chaque paragraphe fournira au maître des exemples qu'il multipliera à son gré, sur le tableau noir.

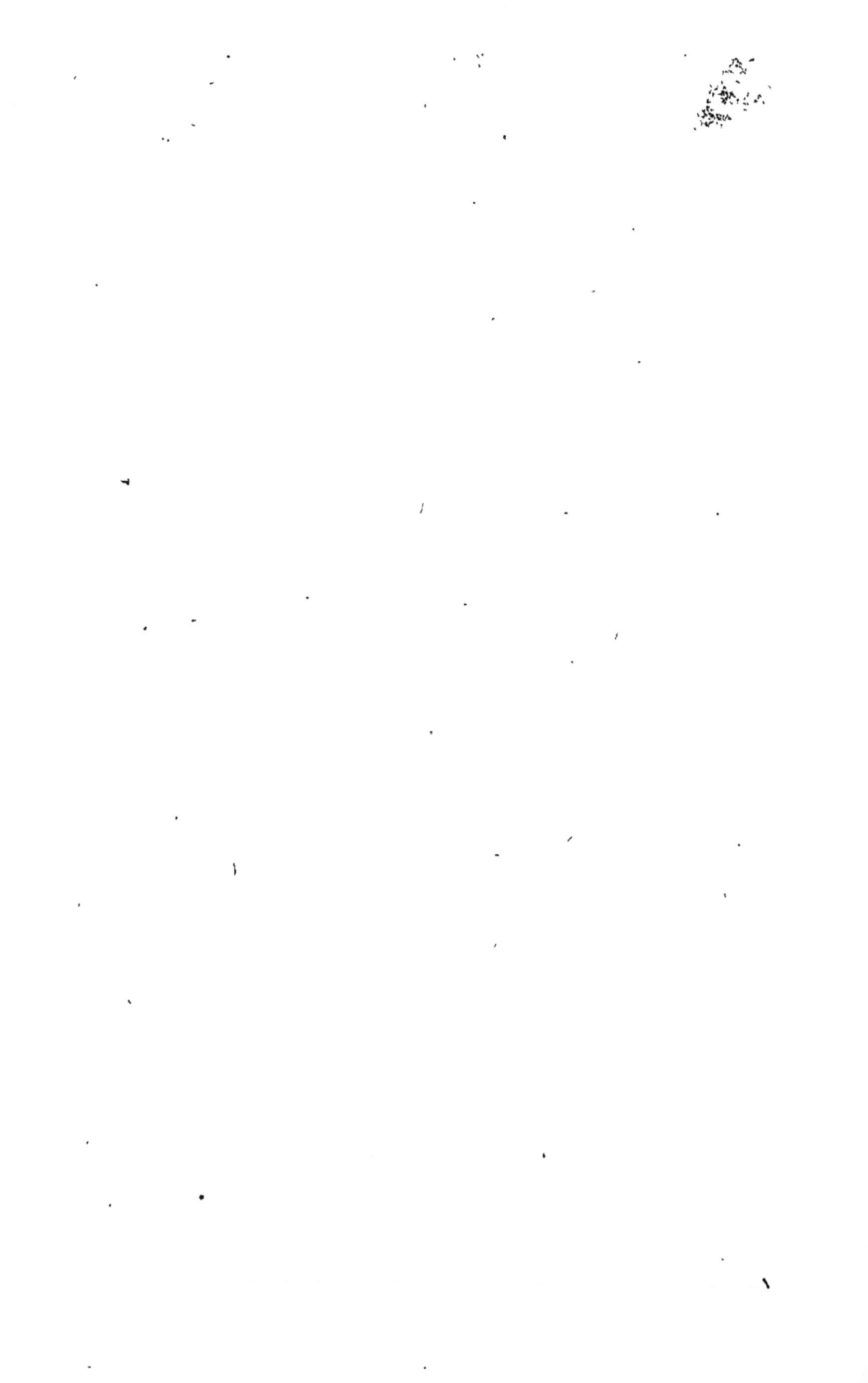

www.ingramcontent.com/pod-product-compliance
Lightning Source LLC
Chambersburg PA
CBHW070935280326
41934CB00009B/1879